Jochen Till

Zugeinander

Jochen Till wurde im Mai 1966 in Frankfurt geboren.
Neben seiner Tätigkeit als Autor legt Jochen Till
am Wochenende in seiner Lieblingskneipe Musik auf.
Bei seinen Hobbys dreht sich alles um Musik, Filme,
Comics und natürlich Bücher und das Schreiben.
Sein Roman »Ohrensausen« stand auf der Auswahlliste
für den Deutschen Jugendliteraturpreis 2003.
www.jochentill.de

**Von Jochen Till sind in den
Ravensburger Taschenbüchern erschienen:**

RTB 58201
Ohrensausen

RTB 58233
Sturmfrei

RTB 58246
Bauchlandung

RTB 58271
Zueinander

RTB 58243
ABSCH(L)USSFAHRT

Jochen Till

zueinander

Ravensburger Buchverlag

Als Ravensburger Taschenbuch
Band 58271
erschienen 2007

Die deutsche Erstausgabe erschien
2005 im Ravensburger Buchverlag.

© 2005 Ravensburger Buchverlag
Otto Maier GmbH

Umschlaggestaltung: Eva Bender
unter Verwendung eines Entwurfs
von Annabelle von Sperber

Alle Rechte dieser Ausgabe
vorbehalten durch
Ravensburger Buchverlag
Otto Maier GmbH

2 3 4 5   11 10 09 08

ISBN 978-3-473-58271-6

www.ravensburger.de

*Wir danken der Deutschen Bahn
für die zügige Zusammenarbeit*

München, Samstag, 8:25

»Das macht dann drei Euro fünfzig.«

Wie bitte? Drei fünfzig für ein kaum belegtes Brötchen und eine Cola? Wieso ist das denn so schweineteuer hier? Bloß weil das ein Bahnhof ist und die Leute keine Zeit haben woanders etwas zu kaufen? Ganz schön dreist. Aber es funktioniert, ich habe ja auch keine Zeit und vor allem noch nichts gefrühstückt.

»Hier, bitte schön«, sage ich und lege das Geld abgezählt auf den Glastresen.

Ich stopfe das Brötchen und die Cola in meine Reisetasche und stelle fest, dass ich viel zu viele Klamotten eingepackt habe. Schließlich könnte es sein, dass ich bereits heute Abend wieder zurückfahre, was ich natürlich nicht hoffen will. Aber wer weiß, vielleicht ist sie ja total enttäuscht, wenn sie mich sieht. Das wäre der absolute Super-GAU. Am besten nicht drüber nachdenken, das habe ich bereits die ganze Nacht gemacht und dabei fast kein Auge zugekriegt.

Verdammt, auf welches Gleis muss ich eigentlich? Acht oder neun? Warum zum Teufel kann ich mir so was nie merken? Ich krame die Fahrkarte aus der Tasche und werfe einen hundertsten Blick darauf. Na also, sag ich doch. Welches Gleis ist hier? Aha, drei. Das heißt, ich muss nach rechts. Ich schiebe die Fahrkarte zurück in die Tasche und laufe los. Viel

Zeit bleibt mir nicht mehr. Ich schaue auf meine Uhr. Fünf-
undzwanzig nach, um fünfundvierzig ist Abfahrt. Oder? War
doch fünfundvierzig? Und wieder der Griff nach der Fahrkarte. Natürlich, fünfundvierzig. Bin ich eigentlich immer so
verwirrt? Oder liegt das nur daran, dass ich heute zum ersten
Mal ICE fahre? Ich meine, normale Züge, U-Bahn, S-Bahn,
klar – schon tausendmal. Aber eine so lange Fahrt in einem
ICE, das hatte ich noch nie. Ich hoffe doch sehr, dass meine
Verwirrtheit daran liegt und sich wieder legt, sobald ich angekommen bin. Ansonsten wird sie mich für einen kompletten Volltrottel halten und gleich wieder nach Hause schicken.
Nein, nicht drüber nachdenken, es wird schon alles gut laufen. Es muss.

Ich biege links ab auf Gleis acht. Hey, da steht ja ein Zug.
Ob das bereits meiner ist? Könnte glatt so sein. Ich blicke
nach oben auf die Anzeigetafel. *ICE München–Berlin, Abfahrt 8:45.* Ja, das wäre meiner. Aber ist das jetzt schon der,
der hier auf dem Gleis steht? Müsste eigentlich, oder? Sonst
würde wohl etwas anderes auf der Anzeigetafel stehen. Aber
sicher ist sicher, lieber noch mal gucken, ob direkt am Zug
irgendetwas steht. Ich laufe neben dem Zug das Gleis entlang
und halte Ausschau nach einer Bestätigung, dass dieser ICE
tatsächlich nach Berlin fährt. Ah, da vorne ist ein Schaffner.
Jedenfalls sieht er aus wie ein Schaffner, er hat eine Schaffner-
uniform an. Den frage ich am besten, um wirklich sicherzugehen. Heute darf einfach nichts schief gehen und ich habe
absolut keine Lust mich in einem Zug nach sonst wo wie-
derzufinden.

»Entschuldigung? Fährt dieser Zug nach Berlin?«, frage
ich.

Der Schaffner grinst mich nur an und zeigt direkt neben mir auf ein elektronisches Schild in einem Fenster des Zugs. Dort steht klar und deutlich: *ICE München–Berlin.*

»Oh … ja, natürlich«, stammle ich und merke, wie ich rot werde. »Entschuldigung, vielen Dank.«

»Keine Ursache«, grinst er mich wieder an, und ich gehe schnell weiter, bevor mir noch eine dämliche Frage aus dem Mund fällt.

Ich nehme die nächstmögliche Tür und betrete den Zug. Nach kurzem Überlegen, welche Richtung ich einschlagen soll, entscheide ich mich für links, zum Anfang des Zugs. Eine elektronische Schiebetür öffnet sich zischend und ich gehe ins Innere des Wagens. Wow! So sieht also ein ICE von innen aus. Das hätte ich jetzt nicht erwartet. Großzügige Sitze, jede Menge Beinfreiheit, schicke Polster, alles supersauber. Und voll ist es auch nicht, im Gegenteil. In diesem Wagen sitzen gerade mal sechs Leute. Coole Sache. Da nehme ich doch gleich mal diesen Fensterplatz hier. Ich wuchte meine Reisetasche in das Ablagefach und schäle mich zufrieden aus meiner Jacke.

»Junger Mann?«, höre ich eine Stimme hinter mir sagen.

»Ihnen ist schon klar, dass das hier die 1. Klasse ist?«

Ich drehe mich um und sehe den Schaffner, bei dem ich mich draußen bereits blamiert habe. Er grinst wieder.

»Oh … ich … nein, stammle ich und schlüpfe wieder in die Jacke. »Entschuldigung, das … das wusste ich nicht.«

Woher auch? Steht ja schließlich nirgendwo dran, dass das hier die 1. Klasse … Oh, Shit aber auch! Der Schaffner zeigt immer noch grinsend auf die Scheibe der elektronischen Tür, an der eine fette 1 zu sehen ist.

»Wie gesagt, sorry«, lächle ich verlegen und zerre meine
Tasche wieder herunter. »Echt keine böse Absicht.«

»Keine Sorge«, sagt der Schaffner. »Das ist alles halb so
wild. Haben Sie eine Platzreservierung?«

»Nein«, schüttle ich den Kopf und bete, dass das kein
Grund ist, mich aus dem Zug zu schmeißen.

Die Frau im Reisebüro hatte mich gefragt, ob ich eine
Platzreservierung wollte, und ich hatte dankend abgelehnt,
weil es mir völlig egal ist, wo ich sitze, in solchen Dingen bin
ich nicht wählerisch.

»Das wäre aber ratsam gewesen«, sagt der Schaffner. »Wir
sind ziemlich voll heute.«

»Ach«, winke ich erleichtert ab. »Kein Problem. Ich finde
schon irgendwo einen Platz.«

»Ich wünsche Ihnen jedenfalls viel Glück dabei«, erwidert
er. »Gehen Sie einfach hier durch und dann in den nächsten
Wagen, dort beginnt die 2. Klasse.«

»Okay, vielen Dank«, sage ich und schultere meine Tasche.
Dann also auf in die 2. Klasse, wo ich hingehöre. Hätte ich
mir eigentlich auch denken können, dieser Wagen sah einfach zu gut aus.

Ich durchquere den Verbindungsraum zwischen den Wagen und gehe durch die nächste elektrische Tür, komme allerdings nicht sehr weit, weil ich fast in einen kleinen Koffer mit
Rollen laufe, den eine Frau mitten auf dem Gang scheinbar in
Zeitlupe hinter sich herzieht. Okay, kein Zweifel, das muss
die 2. Klasse sein. Shit, ist das voll hier. Von meiner Position
aus kann ich jedenfalls keinen einzigen freien Platz entde-
cken.

Die Frau mit dem Koffer scheint schon etwas älter zu sein,

zumindest sieht sie von hinten und ihrer Kleidung nach zu urteilen so aus. Sie trägt einen schicken blauen Mantel und einen dazu passenden Hut. Und sie kann nicht mit diesem Rollkoffer umgehen. Das Ding driftet immer abwechselnd nach links und nach rechts ab und bleibt ein ums andere Mal an den Sitzen oder Beinen der anderen Passagiere hängen.

»Au! So passen Sie doch auf!«, beschwert sich einer, dessen Ferse soeben Bekanntschaft mit dem Koffer gemacht hat.

»Oh, das tut mir aber leid! Verzeihung!«, sagt die Frau und trippelt weiter, ich immer im Gänsemarsch hinterher. Der Koffer nimmt sein nächstes Opfer ins Visier. Treffer, Ferse versenkt.

»Ey, Vorsicht, Omma!«, ruft der dazugehörige Mann in einem nicht gerade freundlichen Ton. »Haste überhaupt 'n Führerschein für das Ding? Immer diese Scheiß-Rentner!«

»Verzeihung«, entschuldigt sich die Frau. »Das tut mir wirklich sehr leid.«

»Und mir erst«, brummt der Typ und reibt sich die Ferse. »Zisch ab, Alte!«

Was für ein Arschloch. Das war doch keine Absicht. Und sie hat sich sofort entschuldigt. Ich meine, ich kann mir auch Schöneres vorstellen, als hinter dieser Frau herzudackeln, das nervt schon. Aber deswegen muss ich sie ja nicht gleich belei-digen.

Der Zug fährt an. Ich halte mich mit einer Hand an einem Sitz fest und schaue auf die Uhr. 8:45, pünktlich auf die Minu...

»Aua, verflucht!«

Das war mein Schienbein. Die blöde alte Schachtel hat sich natürlich nicht festgehalten beim Anfahren, ist zwei Schritte

rückwärts getorkelt und hat mir diesen Scheiß-Koffer voll
ans Schienbein gerammt. Verdammt, das tut vielleicht weh.
Dusselige Kuh aber auch. Ja, ich weiß, was ich gerade gesagt
habe. Aber ich spreche das ja nicht aus, Beleidigungen denken ist in so einem Fall schon erlaubt.

»Oh, Verzeihung!«, sagt sie. »Das tut mir wirklich ganz
schrecklich leid!«

»Nicht so schlimm«, lächle ich gequält. »Geht schon wieder, kein Problem.«

Von wegen, es tut natürlich immer noch höllisch weh. Eins
steht fest: Bei meiner nächsten Zugfahrt trage ich Schien-
beinschoner. So was sagt einem natürlich keiner im Reisebüro.

»Soll ich Ihnen vielleicht den Koffer tragen?«, frage ich
ganz im eigenen Interesse, um weitere Zusammenstöße zu
vermeiden.

»Nein, nein!«, schüttelt sie vehement den Kopf. »Das ist
sehr liebenswürdig, junger Mann. Aber ich fahre jetzt bereits
seit über 40 Jahren Zug, ich schaffe das schon alleine, vielen
Dank.«

Und störrisch ist sie auch noch. Na ja, mehr als anbieten
kann ich es nicht. Die Dackelei geht also weiter, allerdings
halte ich jetzt mindestens drei Schritte Abstand.

Am anderen Ende des Wagens geht es in Zeitlupe durch
die elektronische Tür. Noch einen weiteren Mittelgang hinter
dieser Frau überlebe ich nicht. Ich plane einen Überholvor-
gang im breiteren Verbindungsraum, aber gerade als ich nach
links ausscheren will, kommt mir natürlich jemand entgegen.
Noch ein Versuch, wieder nichts. Und schon öffnet sich die
nächste Tür und ich bin erneut hinter ihr gefangen. Ein

schweifender Blick durch den Wagen. Verdammt, das sieht wieder nicht gut aus. Obwohl, da hinten scheint tatsächlich einer frei zu sein, da ist nur ein Kopf in einer Zweierbank zu sehen. Den nehme ich, wenn ich dann in etwa einer halben Stunde dort angekommen sein werde und er immer noch frei ist.

Fünf Minuten und drei gerammte Fersen später befinde ich mich mit der Karawane der Langsamkeit kurz vor diesem Platz und es sitzt tatsächlich niemand dort außer einem großen Blumenstrauß. Die Koffer-Attentäterin trippelt daran vorbei – perfekt. Klar hätte ich ihr den Platz auch überlassen, Hauptsache, ich bin sie los, aber so ist es natürlich noch besser.

»Da ist doch noch frei?«, richte ich mich freundlich an die Sitznachbarin des Blumenstraußes, eine Frau zirka Ende dreißig, die in eine *Bunte* vertieft ist.

»Nein«, sagt sie, ohne von ihrer Zeitschrift aufzublicken. »Der Platz ist belegt, das sehen Sie doch.«

Aha, okay, verstehe. Diese Frau mag es anscheinend nicht, wenn jemand neben ihr sitzt. Und das ist auch ihr gutes Recht, zu Hause auf ihrer Couch. Aber hier sind wir nun mal in einem Zug, einem sogenannten öffentlichen Verkehrsmittel, mit der Betonung auf öffentlich. Und ich würde mich nun mal sehr gerne jetzt ganz öffentlich dorthin setzen. Ich denke, das ist nicht zu viel verlangt.

»Belegt?«, erwidere ich. »Von einem Blumenstrauß?«

»Ja natürlich, von *meinem* Blumenstrauß, genau«, antwortet sie schnippisch, mich immer noch keines Blickes würdigend.

Ich frage mich drei Sekunden lang, wer wohl solch einer

unsympathischen Frau Blumen schenkt, lasse mich davon aber nicht ablenken.

»Dann könnten Sie ihn vielleicht bitte dort wegnehmen?«, versuche ich es höflich. »Ich würde mich gerne setzen und der Zug ist ziemlich voll.«

»Gehen Sie einfach einen Wagen weiter«, sagt sie. »Da ist bestimmt noch was frei.«

»Aber hier ist doch auf jeden Fall was frei«, lasse ich nicht locker. »Sie müssten nur den Blumenstrauß da wegnehmen. Geben Sie ihn mir einfach rüber, ich lege ihn gerne für Sie hier oben vorsichtig in die Ablage.«

Ich versuche mich über sie zu beugen, um den Blumenstrauß zu greifen, aber sie lehnt sich schützend darüber.

»Sie werden meinen Blumenstrauß nicht anfassen!«, giftet sie mich an.

»Okay, okay!«, zucke ich zurück. »Kein Problem. Ich wollte ja nur behilflich sein. Dann legen Sie ihn eben selbst weg.«

Ich trete einen Schritt beiseite, um ihr den nötigen Platz zum Aufstehen zu geben.

»Ich habe für diesen Sitz bezahlt«, sagt sie und macht keinerlei Anstalten aufzustehen, geschweige denn, den Strauß zu entfernen. »Die Blumen bleiben, wo sie sind.«

»Wenn Sie für diesen Platz bezahlt haben, warum sitzen Sie dann nicht dort?«, erwidere ich leicht gereizt.

»Für beide«, antwortet sie. »Ich habe für diese beiden Plätze bezahlt.«

»Die Blumen haben eine Fahrkarte?«, frage ich ungläubig.

»Nein«, sagt sie und widmet sich demonstrativ wieder ihrer Zeitschrift. »Aber eine Platzreservierung.«

Bullshit, glaub ich nicht. Man kann doch bestimmt nicht so einfach Plätze reservieren, für die man gar keine Fahrkarte hat, das wäre ja Schwachsinn.

Die will mich ja wohl ganz eindeutig verarschen. Nicht mit mir.

»Aha, eine Platzreservierung«, sage ich. »Könnten Sie mir die dann wohl bitte mal zeigen?«

»Sind Sie etwa Schaffner?«, erwidert sie mit einem abwertenden Blick. »Solange Sie sich nicht als Schaffner ausweisen können, muss ich Ihnen gar nichts zeigen. Und jetzt verschwinden Sie endlich, Sie haben mich lange genug belästigt.«

Ohne Worte, diese Frau, oder? Jetzt stehe ich vor der Entscheidung mich entweder weiter und gründlich mit ihr anzulegen oder es einfach aufzugeben. Es widerstrebt mir bis in die letzte Pore, sie mit ihrer Unverschämtheit durchkommen zu lassen. Solchen Leuten muss man Paroli bieten, sonst trampeln sie immer wieder auf anderer Menschen Nasen herum. Andererseits habe ich absolut keine Lust darauf, mich noch weiter mit ihr herumzuärgern, dafür sind mir die Nerven, die ich dabei bräuchte, viel zu kostbar. Dieser Tag wird so schon spannend genug. Und außerdem: Will ich wirklich die ganze lange Fahrt über neben jemandem sitzen, der mich jetzt schon ankotzt? Nein, das ist es nun wirklich nicht wert.

»Wissen Sie was?«, sage ich mit einem freundlichen Lächeln auf den Lippen. »Schieben Sie sich Ihre Blumen am besten dorthin, wo es schon lange nicht mehr feucht war, und warten Sie darauf, dass die Stängel Wurzeln ziehen. Schönen Tag noch.«

Ein kurzer Blick in ihr entrüstetes Gesicht und Abgang.

Manchmal, wenn Leute es wirklich verdient haben, müssen Beleidigungen auch ausgesprochen werden, weil es einem selbst danach besser geht. Und das habe ich mir ja wohl absolut verdient.

Sie ruft mir noch irgendetwas hinterher, aber ich bin bereits durch die Schiebetür und kann es nicht mehr verstehen.

Die Platzsuche geht also weiter. Ich betrete den nächsten Wagen. Oh, nein, Shit! Jetzt hänge ich wieder hinter der Koffer-Frau fest. Nimmt das denn niemals ein Ende? Muss ich etwa bis nach Berlin hinter ihr hertapsen? Das überlebe ich nicht. Ein prüfender Blick in die Runde. Nein, keine Chance, wieder alles voll, noch nicht mal ein Blumenstrauß, dem ich den Platz streitig machen könnte.

Die Karawane zieht weiter. Im nächsten Wagen das gleiche Bild, alles belegt. Verdammt, wie lang ist dieser Zug eigentlich? Und wo will diese Frau bloß hin? Sie macht mir irgendwie absolut nicht den Eindruck, als suche sie einen freien Platz. Sie schaut nie nach links oder rechts, höchstens mal, wenn sie wieder eine Ferse erwischt hat und sich dafür entschuldigt. Sie wirkt so, als hätte sie ein festes Ziel, als wüsste sie genau, wo sie hinwill. Vielleicht hat sie ja eine Platzreservierung irgendwo ganz vorne im Zug? Oder sie ist die Mutter des Zugführers, der sein Lunchpaket zu Hause vergessen hat, und sie bringt es ihm jetzt in ihrem kleinen, aber heimtückischen Rollkoffer vorbei. Ich glaube, langsam drehe ich durch. Muss der Schlafmangel sein. Schlafmangel in Verbindung mit der Karawane der Langsamkeit, da muss man ja irgendwann durchdrehen. Ich will jetzt endlich sitzen, verflucht noch mal!

Der nächste Wagen, wieder voll, zumindest auf den ersten

Blick. Und in der Mitte des Gangs versperrt auch noch eine Fahrkartenkontrolleurin den Weg und die Karawane kommt zum Stillstand.

»Dürfte ich bitte mal Ihre Fahrkarte sehen?«, wendet sich die Schaffnerin an die Koffer-Frau.

»Ja«, nickt diese und zieht ihre Fahrkarte aus einem blauen Handtäschchen. »Hier, bitte schön.«

Sie reicht das Ticket der Schaffnerin, die es mit einem kurzen Blick prüft und dann einmal abtackert.

»Sie wollen in die 1. Klasse?«, fragt die Schaffnerin.

»Ja«, antwortet die Koffer-Frau.

»Dann sind Sie hier aber total falsch. Die 1. Klasse befindet sich am anderen Ende des Zuges.«

»Ojemine!«, stöhnt die Koffer-Frau. »Dann bin ich ja die ganze Zeit in die falsche Richtung gelaufen.«

»Ich fürchte, ja«, schaut die Schaffnerin sie mitleidig an.

Und ich? Wer hat Mitleid mit mir? Diese Frau hat mich mindestens zehn Minuten meines Lebens gekostet, nur weil sie beim Einsteigen falsch abgebogen ist. Ganz zu schweigen von den unzähligen Fersen, die sie unterwegs ramponiert hat. Wer hat denn Mitleid mit denen? Vor allem jetzt, da sich alle wieder in Sicherheit wiegen und keine Ahnung haben, dass dieser Koffer ihren Weg abermals kreuzen wird. Diese armen Teufel. Bis auf den einen natürlich, dieses Arschloch, dem kann sie gerne noch mal über den Fuß fahren. Und gegen einen kurzen, heftigen Zwischenstopp an der Ferse der Blumenstrauß-Hexe hätte ich natürlich auch nichts einzuwenden.

»Na ja«, seufzt die Koffer-Frau. »Hilft ja alles nichts. Dann muss ich wohl wieder zurück.«

Sie dreht sich umständlich um und drückt sich an mir vorbei, wobei mir der Koffer zum Abschied noch einmal voll über den Fuß rollt.

»Au!«

»Verzeihung«, seufzt die Frau wieder. »Tut mir wirklich sehr leid.«

»Nichts passiert«, versuche ich krampfhaft zu lächeln. »Ich wünsche Ihnen noch eine gute Reise.«

»Sehr liebenswürdig, junger Mann«, lächelt sie. »Danke, gleichfalls. Auf Wiedersehen.«

Nicht, wenn es sich vermeiden lässt, ich brauche meine Füße noch.

Ich schaue ihr nach, wie sie davonwackelt, und krame schon mal mein Ticket für die Schaffnerin, die gerade die Fahrkarte eines anderen Passagiers kontrolliert, aus der Reisetasche.

»Ihre Fahrkarte, bitte«, wendet sie sich schließlich an mich.

»Ja, hier, bitte schön«, sage ich und reiche ihr das Ticket.

Sie knipst es ab, bedankt sich und widmet sich den nächsten Passagieren.

So, jetzt aber endlich ungehindert weiter und einen Platz finden. Hey, da vorne ist ja einer! Den hab ich gar nicht gesehen, die Schaffnerin hatte ihn verdeckt. Und da liegt auch nichts drauf, cool.

Ich wuchte meine Tasche zum hoffentlich letzten Mal in die Ablage, nicke meinem Tischnachbarn kurz zur Begrüßung zu und setze mich erleichtert hin. Mein Gegenüber, ein griesgrämig aussehender Mann im Anzug, erwidert meinen Gruß nicht, sondern mustert mich nur skeptisch von oben bis unten. Auch egal, Hauptsache, ich habe endlich einen

Platz gefunden, hat ja lange genug gedauert. Beim nächsten Mal nehme ich eine Platzreservierung, so viel steht fest. Sofern es ein nächstes Mal geben wird, was ich doch sehr, sehr hoffe. Und zwar nicht nur eines, sondern ganz viele nächste Male. Aber da kann noch so vieles schiefgehen. Wird es aber nicht. Immer positiv denken. Oder besser noch, gar nicht denken. Alles wird so oder so seinen Lauf nehmen und zu viel denken macht mich nur noch nervöser, als ich es eh bereits bin.

Was sie wohl gerade macht? Wahrscheinlich schläft sie noch, ist ja schließlich Samstag. Vielleicht träumt sie ja von mir? Ich hoffe es!

Ich kann mir genau vorstellen, wie sie aussieht, wenn sie schläft, ein verdammt schönes Bild. Sie liegt dort und schläft und träumt von mir und hat null Ahnung, dass wir uns heute zum ersten Mal sehen werden. Shit, vielleicht träumt sie ja genau davon, von unserem ersten Treffen. Sie hat öfter solche Träume, hat sie gesagt. Träume, die dann wirklich passieren, also Vorahnungen quasi. Das wäre aber echt blöd in diesem Fall, denn dann wäre meine ganze Überraschung futsch. Kommando zurück, ich hoffe, dass sie nicht von mir träumt. Ich hoffe, sie hat einen ruhigen und traumlosen Schlaf ohne jede Vorahnung. Nicht, dass ich an so etwas wirklich glaube, aber man kann ja nie wissen. Apropos Schlaf, ich glaube, ich könnte so langsam auch eine Mütze davon vertragen. Genau, ich werde jetzt mal für eine Weile die Augen schließen und eine Runde pennen. Und vielleicht träume ich ja von ihr, ich darf das, ich habe keine Vorahnungen.

Berlin, Samstag, 8:25

»Und du rufst sofort an, wenn du angekommen bist, okay?«

»Ja, Papa, mach ich.«

»Versprochen?«

»Ja, versprochen. Ich muss jetzt da rein, Papa. Der Zug fährt gleich los.«

»Hast du auch alles? Deine Fahrkarte?«

»Ja, hab ich hier, keine Sorge, Papa.«

»Und pass ja auf! Hörst du, Kleines? Lass dich nicht von irgendwelchen Typen im Zug blöd anmachen, okay?«

»Papa, ich bin jetzt siebzehn! Ich kann schon auf mich selbst aufpassen. Und falls du es vergessen hast: Ich boxe jetzt bereits seit zwei Jahren.«

»Genau. Und wenn dir dieser Seppl da unten irgendwie blöd kommt, schickst du ihn sofort auf die Bretter, verstanden?«

»Das ist kein Seppl, Papa! Sein Name ist Max!«

»Ja, ja, das weiß ich ja, Kleines. Trotzdem gefällt es mir überhaupt nicht, dass du da jetzt so ganz alleine hinfährst. Du hast diesen Max schließlich noch nie gesehen und …«

»Papa, das haben wir doch alles schon tausendmal durchdiskutiert! Ich muss jetzt los!«

»Du hättest ihn wenigstens anrufen können, damit er weiß, dass du kommst, und dich vom Bahnhof abholt.«

»Aber dann wäre es doch keine Überraschung mehr, Papa!«

»Ja, ich weiß, aber …«

»Ich muss jetzt wirklich los, Papa! Mach's gut und mach dir keine Sorgen!«

»Ja, aber …«

»Nichts mehr aber, Papa. Tschüss!«

Immer dasselbe mit ihm. Er findet einfach kein Ende. Ich drücke ihm noch einen Abschiedskuss links und einen rechts auf die Wangen und springe in den Zug.

»Und nicht vergessen!«, schreit er mir hinterher. »Anrufen!«

»Versprochen!«, rufe ich zurück und winke. »Tschüss, Papa!«

»Tschüss, Kleines! Und sag Bescheid, wenn du weißt, wann du zurückkommst! Ich hole dich dann ab!«

»Mach ich! Tschüss!«

Die Zugtüren schließen sich. Papa steht immer noch draußen und schreit irgendetwas, aber ich kann ihn nicht mehr hören, zum Glück. So lieb ich ihn auch habe, dieser Mann kann manchmal echt verdammt anstrengend sein. Ich winke weiter, bis der Zug losfährt und Papa außer Sichtweite ist. So, das wäre geschafft. Ich atme tief und erleichtert durch. Die Reise kann endlich richtig beginnen. Meine Reise ins Glück. Ich kann es kaum erwarten Max' Gesicht zu sehen, wenn ich plötzlich vor seiner Haustür stehe. Der wird Augen machen. Und dann werden wir uns zum ersten Mal küssen. Das habe ich heute Nacht nämlich geträumt. Wir standen vor einer Tür und küssten uns und es war wunderschön. Und da meine Träume sehr oft Vorahnungen sind, die auch wahr werden, bin ich mir ganz sicher, dass es genau so passieren wird. Aber jetzt heißt es erst mal diese lange Zugfahrt hinter mich zu bringen.

Ich betrete den Wagen und stelle fest, dass er wie erwartet proppenvoll ist. Zum Glück habe ich eine Platzkarte. Ich krame sie aus meinem Rucksack und werfe einen Blick darauf. Wagen 27, genau, da bin ich schon. Platz 83, okay. Ich gehe langsam den Gang entlang und schaue auf die Nummern an der Wand neben den Sitzen. 63, 64, ich muss weiter vor. 79, 80, ja, diese Vierersitzgruppe müsste es sein, der Fensterplatz rechts. Aber dieser Platz ist nicht frei. Er ist belegt von einem Zebra. Ein mittelgroßes Plüschzebra steht auf meinem Platz und daneben sitzt ein kleiner Junge, der es streichelt.

»Musst keine Angst haben, Zubu«, sagt er. »Im Zug ruckelt es immer ein bisschen. Ich halte dich schon fest.«

Mein Gott, der ist ja zum Anbeißen süß. Er beugt sich zu dem Zebra herunter, hält sein Ohr an dessen Schnauze und nickt dann zweimal.

»Mama!«, sagt er zu der Frau, die ihm gegenübersitzt. »Mama, Zubu hat Durst!«

Neben der Frau sitzt ein Mädchen, vermutlich die Schwester des Kleinen, etwas älter, sechs oder sieben vielleicht, und zieht ein Schmollgesicht.

»Was denn, schon wieder?«, fragt die Frau genervt. »Du hast doch am Bahnhof schon eine ganze Tüte Apfelsaft getrunken.«

»Ist doch nicht für mich, Mama!«, verdreht der Kleine die Augen. »Ist für Zubu!«

»Ja, genau«, stöhnt die Mutter. »Und wer darf dann wieder mit Zubu auf die Toilette gehen?«

»Ich!«, ruft der Kleine. »Das mach ich, Mama! Ich muss nämlich auch ganz bald mal!«

»Du kannst doch gar nicht die Tür allein aufmachen, Blödkopf!«, verzieht das Mädchen ihr Gesicht.

»Kann ich wohl!«, erwidert der Kleine. »Wenn Mama mich hochhebt!«

»Das ist aber nicht allein!«, frotzelt seine Schwester. »Blödkopf!«

»Selber Blödkopf!«, wehrt sich der Kleine.

»Ruhe jetzt!«, fährt ihre Mutter dazwischen, während sie einen Strohhalm in eine Apfelsafttüte steckt und sie dem Kleinen reicht. »Hier! Und trink nicht so schnell!«

Der Kleine nimmt die Tüte und hält den Strohhalm an die Schnauze des Zebras.

»Nicht so schnell, Zubu!«, sagt er leise, während er den Kopf des Zebras so bewegt, als würde es trinken. »Sonst schimpft Mama wieder!«

Gott, ist der süß! Ich glaube, ich bringe es nicht übers Herz auf meine Platzreservierung zu bestehen. Das ist ganz eindeutig Zubus Sitz, das kann ich dem Kleinen echt nicht antun. Ich glaube, ich gehe einfach weiter, irgendwo finde ich schon noch einen freien …

»Ist das dein Platz?«, fragt mich die Mutter plötzlich und zeigt auf das Zebra.

»Na ja«, sage ich zögerlich. »Eigentlich schon. Ist aber nicht so schlimm, ich kann mich auch woanders hinsetzen, das ist gar kein Pro…«

»Sascha, nimm das Zebra auf den Schoß!«, sagt sie, ohne mich zu beachten. »Der Platz gehört dem Mädchen!«

»Das ist aber echt nicht nötig«, wehre ich ab. »Ich kann mich wirklich woanders hinsetzen.«

»Nein, nein, das ist schon in Ordnung«, erwidert die Frau. »Schließlich hast du für den Platz bezahlt, und die Kinder fahren sowieso kostenlos, da müssen sie dir nicht noch den Platz wegnehmen. Sascha! Wird's bald! Weg mit dem Viech! Sofort!«

Der Kleine hat sein Ohr wieder an der Schnauze des Zebras,

nickt zweimal und schaut mich dann mit großen Augen ernst an.

»Zubu hat gesagt, du darfst dich auf seinen Platz setzen.« Er lässt das Zebra mit der Hand auf seinen Schoß hoppeln. »Aber nur, wenn du ganz lieb zu ihm bist!«

»Aber nur, wenn er mich nicht beißt!«, lächle ich und lasse mir den Rucksack vom Rücken rutschen.

»Bestimmt nicht!«, schüttelt der Kleine nachdenklich den Kopf. »Zubu beißt nur böse Leute. Einmal hat er meine Schwester gebissen.«

»Hat er gar nicht!«, faucht die Schwester. »Der kann überhaupt nicht beißen! Das ist nämlich nur ein blödes Stofftier, Blödkopf!«

»Gar nicht!«, streckt ihr der Kleine die Zunge entgegen. »Selber Blödkopf!«

»Ist jetzt mal Ruhe hier!«, blafft die Mutter beide an. »Immer das gleiche Theater mit euch!«

Ich strecke mich und schaffe es gerade so, meinen Rucksack in die Ablage zu hieven. Ich hatte immer gehofft, noch ein bisschen zu wachsen, aber das wird wohl nichts mehr. Nur fünf Zentimeter mehr und ich wäre schon zufrieden. Eins fünfundsechzig, und ich würde mich nie wieder beschweren.

»Vielen Dank, Zubu!«, sage ich und tätschle dem Zebra den Kopf, während ich mich an dem Kleinen vorbei auf meinen Platz schiebe. »Bist ein liebes Zebra.«

»Ha, ha!«, lacht das Mädchen. »Die ist vielleicht doof, Mama! Die redet mit einem blöden Stofftier! Das kann die doch gar nicht hören!«

»Bienchen!«, weist die Mutter sie zurecht. »Du sollst doch nicht so frech zu fremden Leuten sein!«

»Ach, lassen Sie nur«, zwinge ich mich zu einem breiten Grinsen. »Kinder sagen eben immer, was sie denken.«

Na warte, du kleines Miststück. Dir wird das Lachen gleich vergehen. Ich beuge mich nach vorne über den Tisch und winke sie mit dem Zeigefinger zu mir heran.

»Weißt du, Bienchen«, sage ich im Flüsterton. »An deiner Stelle wäre ich ein bisschen vorsichtiger, was Stofftiere angeht. Siehst du das hier?«

Ich kremple meinen Ärmel ein Stück nach oben, so, dass die Narbe von diesem Mistköter zum Vorschein kommt, der mich vor drei Jahren am Wannsee angefallen hat. Ich saß einfach nur da mit ein paar Freundinnen und plötzlich kam dieses Vieh aus dem Nichts und schnappte sich meinen Arm, als wäre er eine Hühnerkeule. Und er ließ erst wieder los, als Katja ihm mit voller Wucht von hinten zwischen die Beine getreten hat. Sein hysterisches Gejaule entschädigte mich ein bisschen für meine Schmerzen und ich musste fast schon lachen, wenn da nicht mein blutüberströmter und halb zerfetzter Arm gewesen wäre. Aber ich hatte noch Glück, das Mistvieh hatte keine Nerven zerstört. Trotzdem, viermal sieben Stiche und Narben, die nie ganz weggehen werden, dieser Köter hat sein Revier mehr als gründlich markiert. Und weder er noch sein Besitzer wurden trotz polizeilicher Fahndung jemals wieder gesehen. Mein Verhältnis zu Hunden ist seitdem natürlich ein wenig gestört und ich mache um jede Töle, die größer als ein Hamster ist, einen Riesenbogen.

»Iiiih!«, sagt das kleine Biest mit entsetzt aufgerissenen Augen. »Is ja eklig!«

»Genau«, nicke ich mit todernster Miene. »Und es tut auch immer noch ganz schlimm weh. Und weißt du, wie das passiert ist?«

Sie schüttelt den Kopf, so als wollte sie es auch gar nicht hören.

Ich lehne mich noch ein Stück weiter nach vorne und senke meine Stimme.

»Das war Fridolin, mein Teddy«, sage ich leise und warte einen Augenblick, bis sich das gesetzt hat.

Das kleine Biest guckt mich skeptisch, aber nicht gänzlich ungläubig an.

»Ich war ungefähr so alt wie du«, rede ich leise weiter. »Und ich war an diesem Tag wegen irgendwas sehr stinkig, ich weiß gar nicht mehr genau warum, aber ich habe es jedenfalls an Fridolin ausgelassen. Ich habe ihn beschimpft und wütend an die Wand geworfen, und als ich ihn wieder aufheben wollte, um ihn noch mal dranzuwerfen, hat er plötzlich geknurrt und die Zähne gefletscht und in meinen Arm gebissen. Und er hat erst losgelassen, als ich ihm versprochen habe, nie wieder böse zu ihm zu sein. Ich kann dir sagen, das hat vielleicht wehgetan. Ich musste dann für vier Wochen ins Krankenhaus.«

»Glaub ich nicht«, schüttelt das kleine Biest den Kopf und versucht überzeugt zu klingen. »Du lügst doch. Stofftiere können gar nicht beißen. So ein Blödsinn.«

»Wenn du meinst«, sage ich ernst und lehne mich in den Sitz zurück. »Ich wollte dich ja nur warnen.«

Die Kleine tippt sich mit dem Zeigefinger an die Stirn und lässt sich ebenfalls zurücksinken, allerdings nicht ohne dabei einen zweifelnd ängstlichen Blick auf das Zebra ihres Bruders, der mittlerweile eingeschlafen ist, zu werfen. Sehr schön, sie hat angebissen. In Zukunft wird sie es sich wohl zweimal überlegen, bevor sie sich mit dem Kleinen anlegt.

Gott, wie süß er aussieht, wie er da so schlummert, mit dem

Köpfchen auf der Brust und dem Zebra im Arm. Eins steht fest: So einen will ich auch mal. Einen Jungen, bloß kein Mädchen. Kleine Mädchen sind ätzend, was gerade eben mal wieder bewiesen wurde. Max hätte lieber ein Mädchen, hat er gesagt. Wir sind uns beide einig, dass wir mal Kinder wollen, aber erst in ein paar Jahren. Ich denke so mit 25 wäre der richtige Zeitpunkt. Oh, nein, jetzt fange ich schon wieder an, unsere gemeinsame Zukunft zu planen. Das ist sonst eigentlich gar nicht meine Art. Aber bei Max habe ich einfach dieses Gefühl, dass absolut alles stimmt, und das, obwohl wir uns ja noch nie gesehen haben. Trotzdem, ich sollte damit aufhören, jetzt schon so weit zu planen. Eins nach dem anderen, immer langsam. Erst mal heute das erste Treffen und der erste Kuss. Alles Weitere wird sich dann schon von allein ergeben.

Ich ziehe den Reiseführer über München, den mir Katja geschenkt hat, aus meiner hinteren Hosentasche. Ein gutes Geschenk, finde ich. Ich weiß nämlich gar nichts über München, außer Oktoberfest, Bayern München und dass Max dort wohnt. Und ein bisschen mehr möchte ich schon wissen, wenn ich jetzt zum ersten Mal da bin, alleine um Max gegenüber Interesse zu zeigen. Er hat mich die letzte Zeit auch ständig Sachen über Berlin gefragt, nach den einzelnen Stadtteilen und wo genau ich wohne und wo man abends gut ausgehen kann und so weiter. Wenn er sich so für meine Heimatstadt interessiert, ist es nur fair, wenn ich mich jetzt auch ein bisschen schlaumache.

Ich fange an, in dem Buch zu blättern, kann mich aber nicht so richtig darauf konzentrieren. Bei jeder Seite mit einem Bild taucht plötzlich Max darin auf und lächelt mich an. Und er sieht verdammt gut aus. Ob er in echt auch so gut aussieht wie auf den Fotos, die er mir gemailt hat? Bestimmt, wahrscheinlich sogar noch besser. Katja fand ihn ja nicht so toll von den Fotos her. Er sähe stinknormal aus, ein bisschen langweilig, hat sie gesagt. Aber sie hat sowieso einen sehr seltsamen Männergeschmack, von daher lasse ich mir meinen Max von ihr bestimmt nicht vermiesen. Katja steht auf den Sänger von *Reamonn*, das sagt ja wohl alles.

Ob er wohl schon unterwegs ist? Max, meine ich. Wie viel Uhr ist es? Halb zehn, aha. Ja, er dürfte schon weg sein. Er hat gesagt, er müsste heute Vormittag mit seiner Mutter auf den Flohmarkt und dass wir deswegen erst später telefonieren könnten. Ich habe ihm allerdings das Versprechen abgenommen, dass er um halb drei auf jeden Fall wieder zu Hause ist, weil ich heute nur zwischen halb drei und drei telefonieren könnte, da ich zum Geburtstag meiner Oma fahren würde und dann den ganzen Tag keine Zeit mehr hätte. Ich hoffe, dieser kleine Trick haut hin. Es wäre echt zu blöd, wenn er nicht da wäre. Aber das wird schon klappen, schließlich habe ich es ja schon geträumt.

Oh, super, hier ist ja ein Stadtplan von München drin mit Straßenverzeichnis. Max wohnt in der Bergmannstraße. Ist die hier drauf? Ja, da steht es. Mal gucken, wo genau das ist. Etwas außerhalb, hat er gesagt. Ja, da ist sie, Bergmannstraße, da muss ich hin. Papa hat mir extra Geld für ein Taxi gegeben, damit auch ja nichts schiefgeht. Aber ich denke, das kann ich mir sparen, da fährt bestimmt auch ein Bus hin oder so. Ich kann's echt kaum erwarten. Max wird vielleicht Augen machen. Mich zu sehen ist mit Sicherheit das Letzte, womit er heute rechnet.

München-Pasing, 9:04

»Na, das haben wir ja gerne!«, poltert eine Stimme in meiner näheren Umgebung und reißt mich aus einem tiefen Schlaf.

»Und dann auch noch so tun, als würde man schlafen!«, bellt die Stimme weiter. »Darauf falle ich schon lange nicht mehr rein!«

Wie bitte, was? Wo bin ich? Ich öffne mühsam die Augen. Ach ja, stimmt, ich sitze im Zug, im Zug nach Berlin. Aber der Zug fährt nicht mehr. Bin ich am Ende vielleicht schon da? Kann es sein, dass ich so lange geschlafen habe? Ich schaue blinzelnd aus dem Fenster. Ach so, das ist nur eine Haltestelle, ich bin immer noch in Bayern, hätte mich auch gewundert.

»Hallo?«, bellt die Stimme erneut. »Sie brauchen gar nicht so zu tun, als würden Sie mich nicht bemerken! Unverschämtheit! Sie glauben wohl, nur weil Sie jung sind, können Sie sich alles erlauben!«

Ich drehe meinen Kopf zur Seite, um nachzuschauen, wer zum Teufel da so rumkrakeelt. Direkt neben meinem Sitz steht ein verkniffen dreinblickender älterer Mann in einer braunen Strickjacke und schaut auf mich hinunter.

»Ja, genau Sie meine ich!«, schimpft er. »Sie schämen sich wohl gar nicht, was?«

Ich? Nein. Warum sollte ich? Ich habe doch gar nichts gemacht, wofür ich mich schämen müsste. Oder etwa doch? Im Schlaf vielleicht? Kann man im Schlaf furzen oder so? Das wäre jetzt das Einzige, was ich mir vorstellen kann, warum mich dieser Mann so anpflaumt. Ich schnüffele kurz in die Luft, ob ich irgendetwas Verdächtiges riechen kann, aber Fehlanzeige.

»Sie brauchen gar nicht so die Nase zu rümpfen!«, schimpft der Mann weiter. »Sie glauben wohl, Sie sind was Besseres!«

Hä? Das wird ja immer seltsamer. Ich kapiere gerade mal überhaupt nichts. Was zur Hölle will dieser Mensch von mir?

Ich lege mein unschuldigstes Gesicht auf und zucke mit den Schultern.

»Na, das wird ja immer schöner!«, pflaumt er mich an. »Jetzt auch noch den Unwissenden spielen! Tun Sie mal nicht so! Sie wissen ganz genau, dass Sie auf meinem Platz sitzen! Ich habe reserviert!«

Ach so, darum geht es. Woher soll ich das denn wissen? Das hätte er auch gleich sagen können. Und zwar in aller Ruhe. Ist doch kein Grund hier so rumzuschreien.

»Oh, Entschuldigung!«, sage ich und stehe auf. »Das wusste ich nicht.«

»Ja, ja, von wegen!«, motzt er weiter und zeigt auf ein kleines Schildchen neben dem Sitz. »Da steht es doch ganz deutlich!«

Ich werfe einen Blick darauf. Tatsache. Da steht, dass dieser Platz reserviert ist.

»Entschuldigung«, wiederhole ich, während ich meine Tasche aus der Ablage ziehe. »Das wusste ich wirklich nicht. Ich fahre heute zum ersten Mal ICE.«

»Ach, sparen Sie sich Ihre faulen Ausreden!«, drückt er sich rabiat an mir vorbei auf seinen Sitz, während der Zug wieder anfährt. »Diese Generation hat einfach vor nichts mehr Respekt, so ist es doch! Eine Bande von Rüpeln, allesamt!«

Okay, das reicht. Ich habe mich zweimal in aller Form entschuldigt und er kackt mich immer noch an? Was ist nur los mit den Leuten in diesem Zug? Erst die Blumenstrauß-Zicke und jetzt dieser frustrierte alte Sack. Ist das bloß Zufall oder macht Zug fahren irgendwie aggressiv?

»Also«, sage ich und knalle meine Tasche vor ihm auf den Tisch. »Der einzige Rüpel, den ich hier sehe, sind Sie. Hätten Sie mich in aller Ruhe und mit der unter zivilisierten Menschen üblichen Höflichkeit darauf hingewiesen, dass ich auf Ihrem Platz sitze, könnte ich jetzt eventuell so etwas wie Respekt für Sie empfinden. Aber Respekt kriegt man nicht automatisch zum sechzigsten Geburtstag, den muss man sich verdienen. Und das Einzige, was Sie verdient haben, ist die Hämorrhoiden-Kolonie, die in Ihrem reservierten Hintern hoffentlich für den Rest der Fahrt eine wilde Party feiern wird. Schönen Tag noch!«

Der Kerl guckt mich an, als wollte er etwas sagen, aber es scheint ihm keine passende Antwort einzufallen, sehr gut. Um mich herum ertönt Applaus von einigen Sitzen. Hey, coole Sache! Gut zu wissen, dass es auch normale Leute in diesem Zug gibt.

Ich schultere meine Tasche, verbeuge mich noch breit grinsend vor den Applaudierenden und ziehe los in Richtung des nächsten Wagens.

Na, klasse, jetzt geht die Sucherei wieder los. So langsam

müsste ich aber echt mal am anderen Ende des Zugs angekommen sein. Vielleicht sollte ich es noch mal in der Gegenrichtung probieren. Könnte ja sein, dass einige Leute bei dem Halt eben ausgestiegen sind. Na ja, den einen Wagen kann ich ja erst noch checken. Moment mal, was ist das denn da rechts? Sieht aus, wie eines dieser Abteile in einem ganz normalen Zug. Das war in den anderen Wagen aber nicht. An der Scheibe klebt ein Raucherzeichen. Ich rauche zwar nicht, aber es macht mir auch nichts aus, wenn Leute in meiner Umgebung rauchen. Ich werfe einen vorsichtigen Blick durch die Scheibe. Sechs Sitze, jeweils drei links und rechts, und zwei der drei rechten sind besetzt, ein Junge und ein Mädchen, die sich angeregt unterhalten, so etwa in meinem Alter, der Junge vielleicht etwas älter. Das sieht doch ganz gut aus. Ich öffne die Schiebetür einen Spaltbreit und stecke meinen Kopf hindurch.

»Sagt mal, ist hier zufällig noch was frei?«, frage ich.

Die beiden beenden ihr Gespräch abrupt und schauen mich an.

»Ähm ... ja«, antwortet der Junge zögerlich und zeigt auf die leeren Sitze. »Ist alles frei.«

»Und die sind auch nicht reserviert oder so?«, hake ich nach, weil ich absolut keine Lust habe, heute noch mal blöd angemacht zu werden.

»Nein«, schüttelt der Junge den Kopf. »Sieht nicht so aus. Sonst wären da draußen Schildchen dran.«

Er zeigt auf eine durchsichtige Plastiktafel an der Scheibe, die in sechs Fächer unterteilt ist, die aber allesamt leer sind.

»Aha, okay«, sage ich, öffne die Schiebetür ganz und betrete das Abteil.

Das Mädchen nimmt eine Tüte von dem Sitz am Fenster und stellt sie neben sich auf den Boden.

»Danke«, sage ich und platziere meine Tasche quer über die beiden freien Sitze, da ich gerade zu faul bin, um sie hoch in die Ablage zu wuchten. Wenn jemand kommt, kann ich das ja immer noch tun.

Ich ziehe meine Jacke aus, pflanze mich auf den Fenstersitz und atme erleichtert tief durch. Endlich ein Platz, hier kriegt mich niemand mehr weg.

Ich schaue mich ein bisschen im Abteil um und mein Blick bleibt schließlich bei meinen beiden Mitreisenden hängen. Das Mädchen guckt an die Decke und der Junge auf den Boden, so wie zwei Leute, die gerade über jemanden gelästert haben, der plötzlich den Raum betreten hat. Ich störe, das ist ganz offensichtlich.

»Auch nach Berlin?«, frage ich, um die Stimmung ein wenig aufzulockern.

»Nein«, sagt der Junge, und das Mädchen schüttelt nur den Kopf.

Äußerst erschöpfende Antwort, vielen Dank auch. Aber so schnell gebe ich nicht auf.

»Ich heiße übrigens Max«, probiere ich es weiter.

»Wolfgang«, sagt der Junge und nickt in Richtung des Mädchens. »Saskia.«

Aha. Und Saskia ist stumm, oder was? Sie guckt mich kurz an und zwingt sich zu einem kalten, formlosen Lächeln. Na, das kann ja heiter werden. Aber von mir aus, okay, dann wird eben für den Rest der Fahrt geschwiegen. Immer noch besser als angeschrien zu werden.

Ich lehne mich in meinen Sitz zurück und schließe die Augen, nicht um zu schlafen, nur um mich auszuklinken und an etwas Schönes zu denken. An heute Nachmittag zum Beispiel. Wenn es denn schön wird. Aber das muss es einfach, ich habe mir alles ganz genau überlegt. Zuerst wollte ich sie natürlich zu Hause überraschen, ganz einfach vor ihrer Tür stehen, aber das ist mir dann doch zu heikel, falls ihr Vater öffnet. Sie meinte zwar, er wäre ganz okay, aber sie hat auch gesagt, dass er grundsätzlich etwas gegen Bayern hat, zwar eher scherzhaft, aber das Risiko, von ihm sofort wieder nach Hause geschickt zu werden, will ich dann doch nicht eingehen. Ich muss sie rauslocken, das steht fest. Und ich weiß auch schon wie. Ich werde mich vor ihrem Haus verstecken und sie von dort aus mit dem Handy anrufen. Ich sage, dass ein Freund von mir gerade in Berlin ist und eine Überraschung für sie dabeihat, ihre Straße aber nicht findet. Er würde am Bahnhof Zoo auf sie warten und sie soll sofort dorthin fahren, weil er nicht viel Zeit hätte. Und wenn sie dann aus der Tür kommt und losgeht, werde ich einfach plötzlich neben ihr herlaufen und warten, bis sie merkt, dass ich es bin, und aus allen Wolken fällt. Hoffentlich merkt sie es dann auch. Fotos habe ich ihr eigentlich genug geschickt, daran sollte es nicht scheitern. Ja, das ist ein perfekter Plan, das funktioniert bestimmt. Nur wie es dann weitergehen soll, davon habe ich absolut keine Ahnung. Wie soll ich sie begrüßen? Ich meine, ich kann sie ja wohl schlecht einfach sofort küssen, oder? Wir haben uns schließlich noch nie gesehen. Obwohl sie am Telefon schon oft gesagt hat, dass sie mich am liebsten küssen würde. Aber vielleicht hat sie das auch nur so gesagt, eben weil es am Telefon war und es keine Möglichkeit gab, es in die Tat umzusetzen. Was, wenn sie mich dann sieht und überhaupt nicht mehr den Wunsch verspürt, mich zu küssen? Nein, ich mache am besten erst mal gar nichts in diese Richtung, das überlasse ich lieber ihr. Aber was, wenn sie dann denkt, ich würde sie nicht küssen wollen? Das wäre natürlich auch blöd, dann meint sie vielleicht, ich finde sie nicht schön genug oder so. Hm, ganz, ganz schwierige Sache. Alles, was ich mache, kann falsch sein. Und das, was ich nicht mache, auch. Also, was tun? Ich könnte sie fragen. Genau, ich frage sie einfach, ob ich sie küssen darf. Oder ist das zu sehr Weichei? Ich weiß nicht, vielleicht empfindet sie das als unmännlich. Wobei sie ausdrücklich gesagt hat, dass sie nicht auf Machos steht, was ich ja auch nicht bin. Aber das Gegenteil will ich natürlich auch nicht sein. Verdammt, warum ist das bloß alles so kompliziert? Bis heute war alles so einfach, so leicht, so problemlos. Wahrscheinlich, weil es noch nicht real war. Bisher fand alles zwischen uns im Netz oder später dann am Telefon statt, also nicht unmittelbar im echten Leben. Das wird heute anders, alles wird heute anders, anders und kompliziert, und das macht mir ein bisschen Angst. Nein, es macht mir sogar eine Riesenangst, und ich weiß einfach nicht, wie ich sie abstellen kann. Sie hat's gut, sie hat keine Angst. Sie weiß ja noch nicht, dass wir uns heute sehen werden. Sie wird überhaupt keine Zeit für Angst haben. Peng! Plötzlich bin ich da! Keine Zeit, sich einen Kopf darüber zu machen, wie das ablaufen wird. Für sie wird es einfach ablaufen, Punkt. Aber ich sitze hier in diesem Zug und zermartere mir noch die nächsten vier Stunden das Gehirn und weiß nicht …

»Du musst aber eine Krawatte anziehen!«, höre ich eine weibliche Stimme leise, aber bestimmt zischen. »Kapier das doch endlich mal! Mein Vater ist total altmodisch, das habe ich dir schon tausendmal gesagt!«

Aha, Saskia kann also doch sprechen.

»Und ich habe dir schon tausendmal gesagt, dass ich keine anziehen werde! Schluss, aus, Ende der Diskussion!«

Wobei es Wolfgang anscheinend lieber wäre, sie könnte es nicht.

Lustig, sie denken wohl, ich schlafe. Dann will ich ihnen und mir mal den Gefallen tun und sie weiter in diesem Glauben lassen. Saskia scheint mir nicht der Typ zu sein, der sich so schnell abwürgen lässt, das könnte noch interessant werden.

»Ich wusste, es war ein Fehler, mit dir zu meinen Eltern zu fahren!«, zischt sie wieder, diesmal etwas lauter. »Ich hätte dich nie mitnehmen sollen!«

»Hey, glaubst du etwa, ich finde das geil, oder was?«, zischt Wolfgang zurück. »Ich könnte mir heute auch echt was Angenehmeres vorstellen, als bei deinen Alten vorgeführt zu werden!«

»Und warum bist du dann nicht zu Hause geblieben? Ich habe dich nicht gezwungen mitzukommen!«

»Hallo? Schon vergessen? Deine Mutter hat mich persönlich eingeladen! Da konnte ich ja wohl schlecht ablehnen, oder?«

»Du musstest ja auch unbedingt ans Telefon gehen! Und das, obwohl ich dir ausdrücklich verboten habe, an mein Telefon zu gehen, wenn ich nicht da bin!«

»Du warst nur kurz im Bad! Und ich konnte ja schließlich nicht ahnen, dass da deine Mutter dran ist! Es hätte ja auch etwas Wichtiges sein können!«

»War es aber nicht! Es war nur meine blöde Mutter, die mich sowieso ständig nervt, seit ich nach München gezogen bin!«

Die Lautstärke der beiden ist mittlerweile auf normal bis heftig angestiegen. Mein Status ist somit von schlafend auf nicht existent gesunken, und alles nur, weil ich die Augen geschlossen habe. Schon witzig. Als ob man mit den Augen alle Sinnesorgane zumachen würde. Dabei ist es umgekehrt, man bekommt viel mehr zu hören mit geschlossenen Augen.

»So blöd fand ich deine Mutter gar nicht«, sagt Wolfgang. »Zu mir war sie jedenfalls sehr nett.«

»Ja!«, entgegnet Saskia trotzig. »So nett, dass du diese Scheiß-Einladung natürlich sofort angenommen hast!«

»Hätte ich etwa Nein sagen sollen? Dann hätte deine Mutter mich für unhöflich gehalten und das wär dir ja wohl auch nicht recht gewesen!«

»Genau, unhöflich! Darum geht es! Was glaubst du, wie unhöflich mein Vater es finden wird, wenn du da ohne Krawatte aufläufst? Da bist du gleich von Anfang an so was von unten durch!«

»Ich trage aber keine Scheiß-Krawatte, Saskia! Nicht für dich, nicht für deinen Alten, für überhaupt niemanden! Ich bin nun mal kein gottverdammter Schlipsträger, das solltest du langsam wissen!«

Pause. Anscheinend ist Saskia die Munition ausgegangen. Ich verstehe sowieso nicht, was das soll. Ich mag auch keine Krawatten, aber es würde ihn bestimmt nicht umbringen dieses eine Mal eine anzuziehen, und sei es nur ihr zuliebe. Ihren Vater möchte ich allerdings auch nicht kennenlernen, wenn er einer blöden Krawatte so viel Bedeutung beimisst.

Das bestärkt mich jedenfalls in meinem Plan, heute Nachmittag nicht an ihrer Tür zu klingeln. Väter von Töchtern scheinen doch oftmals sehr seltsame Menschen zu sein.

»Ja«, beendet Saskia die Pause und klingt jetzt weniger angriffslustig. »Das weiß ich doch. Und ich finde es ja auch gut so. Ich will doch gar keinen Schlipsträger.«

»Na also!«, sagt Wolfgang. »Dann ist ja alles in Ordnung und wir können aufhören, darüber zu diskutieren.«

»Ja, aber …«, Saskia wird noch ein bisschen leiser. »Aber … weißt du … Es ist so … Ich … ich habe meinen Eltern erzählt, dass du … Na ja, ich habe gesagt, dass du in einer Bank arbeitest.«

Oha, böses Foul, Saskia. So was geht nun gar nicht. Ich weiß zwar nicht, was Wolfgang wirklich beruflich macht, aber wie ein Bänker sieht er jedenfalls nicht aus.

»Du hast was?«, reagiert Wolfgang entsprechend ungläubig.

»Sie hätten mich sonst nie in München bleiben lassen!«, verteidigt sich Saskia schnell. »Schlimm genug, dass sie überhaupt mitgekriegt haben, dass ich einen Freund habe! Und unter einem Bänker ist für meinen Vater nichts akzeptabel! So ist es nun mal! Was hätte ich denn machen sollen?«

»Ja, spinnst du denn jetzt komplett?«, regt sich Wolfgang auf. »Saskia, ich wische alten Leuten den Arsch ab! Ich bin Zivi! Und ich würde nie im Leben in einer Scheiß-Bank arbeiten!«

»Das musst du ja auch nicht«, erwidert Saskia kleinlaut. »Du sollst ja nur so tun, nur heute. Irgendwann sage ich es ihnen schon. Aber bitte nicht heute, Wölfchen, das schaffe ich nicht.«

Oha, sie zieht die Kosenamen-Karte. Und die zieht fast immer, egal wie bescheuert diese Namen auch ausfallen. Wölfchen geht ja gerade noch so, solange sie ihn nicht in der Öffentlichkeit so anredet. Aber meine Ex hat mich immer Maxileinchen genannt und es war ihr dabei völlig egal, ob wir alleine waren oder gerade mit einer Gruppe von Freunden in der Schlange vor der Kinokasse standen. Maxileinchen. Mich schüttelt es heute noch, wenn ich nur daran denke. Zum Glück ist meine Ex nach Amerika gezogen und ich muss es nie wieder hören.

»Ich will aber noch nicht mal so tun, als wäre ich ein Scheiß-Bänker!«, wehrt sich Wölfchen, wobei seine Stimme schon wesentlich weicher klingt.

Er weiß genau, dass er diesen Kampf verlieren wird, das ist nur ein letztes Aufbäumen, um den Schein zu wahren.

»Och, bitte, bitte, Wölfchen!«, flötet Saskia zum finalen Todesstoß. »Nur diesen einen Tag! Nur für mich, Wölfchen!«

Wölfchen stößt einen langen Seufzer aus.

»Komm schon! Für mich, Wölfchen!«, legt Saskia noch mal nach. »Bitte, bitte, bitte! Dann machen wir auch das, was du neulich vorgeschlagen hast!«

»Vorgeschlagen?«

»Na, du weißt schon. Das, was du immer schon mal ausprobieren wolltest und wozu ich keine Lust hatte.«

Das war's, damit ist Wölfchen endgültig geschlagen. Sie hat den letzten und höchsten Trumpf gezogen, den Mädchen haben. Nichts schlägt die Sex-Karte, dagegen kommt keiner an.

»Oh, das!«, sagt Wolfgang, und ich könnte schwören das

Grinsen in seinem Gesicht zu hören. »Das würdest du wirklich machen?«

»Klar«, säuselt Saskia. »Wenn du mir dafür heute den Bänker machst.«

»Na gut«, ergibt sich Wolfgang seufzend. »Wenn's denn unbedingt sein muss. Aber nur heute, dass das klar ist!«

»Ja, nur heute, Wölfchen, versprochen!«, sagt Saskia freudig und drückt ihm einen deutlich hörbaren Schmatz auf. »Danke, das ist echt superlieb!«

Sag ich doch, die Sex-Karte sticht immer. Damit fühlt sich nämlich jeder Junge als Gewinner, obwohl er die Schlacht ganz klar verloren hat. Oh, Mann, ich hätte ja auch mal wieder Lust, dass bei mir die Sex-Karte gezogen wird. Ist schon verdammt lange her, fast ein ganzes Jahr. Aber vielleicht ändert sich ja bald etwas daran, ich hoffe es. Wobei das absolut nicht der Grund dafür ist, dass ich nach Berlin fahre, echt nicht. Also ich meine, natürlich gehe ich davon aus, dass wir irgendwann miteinander schlafen werden. Aber das wird mit Sicherheit noch nicht an diesem Wochenende passieren, egal wie gut es läuft, wenn es denn überhaupt gut läuft. Wir wollen uns Zeit lassen, da sind wir uns einig. Die Sex-Karte muss nicht immer gleich zu Anfang gespielt werden, sonst nutzt sie sich zu schnell ab.

Bei Saskia und Wölfchen scheint sie allerdings noch gut zu funktionieren. Ich muss mich die ganze Zeit über tierisch beherrschen, dass ich nicht anfange zu grinsen oder so. Wer weiß, wie sie reagieren, wenn sie merken, dass ich gar nicht wirklich schlafe. Auf jeden Fall würden sie ihr Gespräch sofort wieder abbrechen und das möchte ich doch vermeiden, denn ich glaube nicht, dass es das schon war.

»Aber ich habe doch gar keine Krawatte«, gibt Wolfgang zu bedenken.

Na also, wusste ich's doch.

»Ich aber«, erwidert Saskia und ich höre die Tüte rascheln, die sie vorhin vom Sitz genommen hat. »Hier! Und ein weißes Hemd dazu, die Größe müsste stimmen.«

Saskia, du raffiniertes Miststück. Und das meine ich jetzt nicht negativ, sondern anerkennend. Sie hat eine Krawatte und ein Hemd gekauft, sie wusste also ganz genau, dass sie ihr Wölfchen noch rumkriegen würde. Mädchen sind Jungs in solchen Sachen immer um Meilen voraus. Sie wissen, was wir tun werden, noch bevor wir es nur ahnen können. Echt bewundernswert. Jedenfalls solange ich nicht selbst davon betroffen bin und in eine dieser raffinierten Fallen tappe.

»Okay«, seufzt Wolfgang. »Aber wehe, irgendjemand macht Fotos! Ich werde so scheiße in diesem Zeug aussehen! Das darf echt niemand sonst mitkriegen!«

»Wirst du gar nicht!«, entgegnet Saskia und die Tüte raschelt wieder. »Du wirst sehr gut aussehen, wart's mal ab. Vielleicht gefällt's dir ja am Ende sogar noch.«

»Nie im Leben! Das kannst du dir gleich mal abschminken, so weit wird's mit Sicherheit nicht kommen! Schlimm genug, dass ich einen auf Bänker machen muss, gefallen muss es mir aber nicht auch noch!«

»Nein, natürlich nicht. War doch nur ein Witz, Wölfchen.«

»Ha, ha, selten so gelacht. Sag mal, bei welcher Bank arbeite ich eigentlich? Das muss doch abgesprochen werden.«

»Deutsche Bank, dein letztes Jahr Ausbildung, natürlich wirst du übernommen. Du spezialisierst dich gerade auf Aktien. Du bist der Liebling deines Chefs. Er ist fest davon überzeugt, dass du eine große Zukunft vor dir hast.«

Und ich behaupte jetzt mal spontan genau das Gegenteil. Wölfchen hat keine Zukunft, jedenfalls nicht mit Saskia. Klar, ich kann mich auch irren, aber diese Berufsbeschreibung eben klang mir mehr nach dem Mann, den sie mal heiraten wird, als nach einer einmaligen Ausrede für ihren Vater. Wölfchen ist nur ein Freund auf Zeit. Vielleicht ist sie sogar in ihn verliebt, aber sie weiß jetzt schon genau, dass das nicht so bleiben wird. Und genau deswegen wollte sie auch vermeiden, dass er ihre Eltern kennenlernt. Wahrscheinlich sind die gar nicht so schlimm, wie sie behauptet. Sie weiß nur eben, dass es eigentlich nicht nötig ist, ihnen Wölfchen vorzustellen, da sie ihn sowieso nie wiedersehen werden. Wirklich ein verdammt raffiniertes Miststück, diese Saskia. Und das meine ich jetzt nicht mehr anerkennend. Oh Gott, hoffentlich sind nicht alle Mädchen so drauf. Ansonsten fahre ich hier nämlich geradewegs in mein Verderben. Aber, nein, sie nicht. Sie ist anders. Ganz sicher.

»Aber ich habe absolut null Plan von Aktien«, gibt Wölfchen zu bedenken.

»Das macht nichts«, sagt Saskia. »Mein Vater auch nicht. Aktien sind ihm zu unsicher.«

»Okay. Sonst noch was, das ich über mich wissen sollte?«

»Du bist katholisch.«

»Auch das noch. Aber okay, von mir aus.«

»Und …«, sagt sie kaum hörbar und zögerlich. »Und du bist Bayern-Fan.«

»Wie bitte?«, fragt Wölfchen, der es anscheinend wirklich nicht verstanden hat.

»Du … du bist Fan von Bayern München.«

»Was?«, hebt sich Wölfchens Stimme entrüstet. »Auf gar keinen Fall! Du hast sie wohl nicht mehr alle! Das kommt überhaupt nicht infrage! Du weißt ganz genau, dass ich 60er bin! 60er, Saskia! Das sind die Blauen, nicht die Roten! Und kein Blauer wird jemals sagen, dass er ein Roter ist! Noch nicht mal zum Spaß! Vergiss es!«

»Ach, Wolfgang«, stöhnt Saskia. »Jetzt übertreib's nicht. Ist doch nur Fußball.«

»Nein, das ist es eben nicht!«, erwidert Wölfchen. »Das ist viel mehr als nur Fußball! Du kannst von einem 60er-Fan vielleicht verlangen, dass er seine Religion wechselt, aber niemals seine Farbe! Das wird nie passieren und mir schon gar nicht!«

»Aber, Wölfchen«, flötet sie süß. »Nur für mich. Nur heute.«

Und wieder die Kosenamen-Karte. Mal sehen, wie lange er diesmal durchhält.

»Das kriegt doch auch gar keiner mit«, flötet sie weiter. »Keiner wird wissen, dass du so getan hast, als wärst du ein Roter. Ich sag's bestimmt nieman…«

»Ich werde es wissen!«, bleibt Wölfchen hart. »Und das reicht. Vergiss es, ich mach das nicht. Krawatte und Bänker, okay. Aber nicht das! Nie im Leben!«

»Na, schön«, seufzt Saskia resignierend. »Dann eben nicht.«

Wie jetzt? Sie gibt einfach so auf? Wo bleibt die Sex-Karte? Ich hätte gewettet, dass sie das auch noch schafft und gleich eine Bayern-München-Krawatte aus der Tüte zieht. Aber wahrscheinlich hat sie geahnt, dass sie diesen Kampf verlieren wird, und lässt die Sex-Karte deswegen stecken. Sex-Karten werden so gut wie nie verschwendet und nur bei guten Erfolgsaussichten eingesetzt.

»Dann behaupte einfach, du interessierst dich nicht für Fußball, wenn das Thema aufkommt, okay?«, sagt Saskia patzig und ohne jedes Flöten.

»Okay«, brummt Wölfchen als Antwort.

Und Schweigen. Jede Wette, Saskia hat sich schmollend in die Ecke gedrückt und Wölfchen starrt an die Decke und sucht nach einem Weg, um sie wieder zu versöhnen, damit sie die Sex-Karte von vorhin nicht wieder zurückzieht.

»Sag mal«, bricht er das Schweigen nach einer Weile. »Kommt deine Schwester eigentlich auch?«

Aha, Themenwechsel, gute Taktik für den Anfang.

»Holly, die Schlampe?«, beißt Saskia an. »Nein, schön wär's. Dann würden sich meine Eltern wenigstens auf sie stürzen und uns in Ruhe lassen. Warum?«

»Ach, nur so«, sagt Wölfchen. »Ich weiß gar nicht, was du gegen sie hast. Ich fand sie voll nett, als sie dich besucht hat.«

»Ja, ja, voll nett!«, frotzelt Saskia. »Ich weiß, was du voll nett fandest. Ihre Titten, so wie alle Typen.«

Oha, doch keine gute Taktik, eher ein Eigentor. Das klingt nicht gut, Wölfchen. Ich würde schon mal in Deckung gehen.

»Ach, Saskia«, stöhnt Wölfchen. »Jetzt fang doch nicht wieder damit an. Das hatten wir echt schon bis zum Erbrechen.«

»Ich? Wieso ich?«, erwidert Saskia. »Du hast doch damit angefangen. Wer will sie denn unbedingt wiedersehen? Ich habe Holly jedenfalls mit keinem Wort erwähnt.«

»Was heißt denn hier unbedingt wiedersehen? Davon war

doch überhaupt nicht die Rede! Ich habe nur gefragt, ob sie heute auch da sein wird. Und diese Frage ist ja wohl berechtigt. Sie gehört ja schließlich zu deiner Familie.«

»Ach, komm, jetzt tu doch nicht so unschuldig! Du findest sie geil, hast du doch zugegeben, als sie bei mir war!«

»Ich habe gesagt, sie sieht verdammt gut aus! Das war alles! Von geil war nie die Rede, das weißt du ganz genau!«

Ja, ist der denn wahnsinnig? Man sagt doch seiner Freundin nicht, dass eine andere verdammt gut aussieht! Und schon gar nicht ihre Schwester! Das habe ich einmal gemacht, bei meiner Ex. Wir guckten uns irgendeinen alten Schinken zusammen im Fernsehen an, mit Natalie Wood, und ich sagte irgendwann nebenbei, eigentlich nur, um überhaupt etwas zu sagen, dass diese Frau ziemlich hübsch sei. Großer Fehler. Es folgte eine Stunde Diskussion darüber, ob ich diese Schauspielerin hübscher fände als sie und was mir an ihr nicht passen würde. Und jedes Mal, wenn wir danach irgendwie Zoff hatten, bekam ich sofort wieder Natalie Wood aufs Brot geschmiert. Und es half auch nichts, als ich irgendwann feststellte, dass sie schon ewig und drei Tage tot ist. Das hat vielleicht genervt. Nach unserer Trennung, bei der ich das Ganze auch noch mal aufgetischt bekam, kaufte ich mir sofort ein riesiges Natalie-Wood-Poster und hängte es nur aus Trotz direkt über mein Bett. Oh, ich darf nicht vergessen, es abzuhängen, bevor ich dann vielleicht mal Besuch aus Berlin kriege, was ich doch sehr hoffe. Ich glaube zwar nicht, dass das bei ihr ein Problem wäre, aber sicher ist sicher. Ich kann echt gut drauf verzichten, mit solchen blöden Vorwürfen bombardiert zu werden wie Wölfchen jetzt gerade.

»Das ist doch genau dasselbe!«, pflaumt Saskia ihn an.

»Natürlich findest du sie geil! Und ihre Titten ganz besonders! Das hast du nämlich auch gesagt! Weißt du noch, was
du über ihre Titten gesagt hast? Ich weiß es nämlich noch
ganz genau!«

»Ich habe überhaupt nichts über ihre Titten gesagt!«, versucht Wölfchen sich zu wehren. »Ich habe nur gesagt, dass sie
ganz gut gebaut ist! Mehr nicht! Und das kann man ja wohl
mal sagen, oder?«

Nein, kann man eben nicht, Wölfchen. Denken kann man
das vielleicht, aber niemals laut sagen, nicht zu seiner Freundin. Sonst sitzt man ruckzuck so da wie du jetzt, und alles,
was man noch sagen kann, wird gegen einen verwendet.

»Jetzt lüg doch nicht!«, hackt Saskia weiter auf Wölfchen
ein. »Du hast gesagt, sie hätte einen Hammer-Vorbau! Genau
das waren deine Worte! Ein Hammer-Vorbau, Wolfgang!«

»Ja«, stöhnt er genervt auf. »Kann schon sein, dass ich das
so gesagt habe! Aber es stimmt ja auch! Die Dinger waren ja
wohl kaum zu übersehen, so wie sie angezogen war!«

»Aha!«, fährt Saskia ihre Stimme hoch. »Du gibst also zu,
auf ihre Titten gestarrt zu haben! Wusst ich's doch!«

»Saskia, die Dinger wären fast rausgefallen bei dem knappen Oberteil! Ich hätte blind sein können und hätte sie immer noch am Luftzug erkannt! Aber ich habe sie nicht angestarrt, verflucht noch mal! Und ich habe auch keine Lust,
mich weiter von dir für etwas anscheißen zu lassen, was ich
nicht gemacht habe, okay?«

Netter Versuch, Wölfchen. Aber keine Chance. So leicht
kommst du da mit Sicherheit nicht raus.

»Hast du mit ihr geschlafen?«, fragt Saskia herausfordernd.

Sag ich doch.

»Was?«, erwidert Wölfchen fassungslos. »Spinnst du jetzt komplett? Wie kommst du denn auf einmal auf so eine Schwachsinnsidee?«

»Hast du?«, lässt sie nicht locker.

»Das kann nicht dein Ernst sein! Du …«

»Ja oder nein, ganz einfache Frage.«

»Ich fass es nicht! Du würdest mir echt zutrauen, dass ich mit deiner …«

»Ja oder nein?«

»Nein, natürlich nicht, verdammt noch mal!«

»Schwör's!«

»Saskia, ist gut jetzt! Wann hätte das denn überhaupt gewesen sein sollen? Selbst wenn ich gewollt hätte, es gab doch überhaupt keine Gelegenheit dazu! Ich war nie mit Holly allein!«

»Also doch! Du hast drüber nachgedacht! Du wolltest mit ihr schlafen!«

Meine Damen und Herren, bitte erheben Sie sich für die Siegerehrung! Die Goldmedaille in der neuolympischen Disziplin Worte-im-Mund-Rumdrehen geht in diesem Jahr an Saskia aus Deutschland! Es folgen Nationalhymne und die Beisetzung ihres Partners Wölfchen, der den Wettkampf leider nicht überlebt hat. Der arme Teufel kann einem echt leidtun. Ich glaube, es ist an der Zeit, ihn zu erlösen.

»Was … wie … sag mal, geht's noch?«, überschlägt sich Wölfchens Stimme. »Es reicht, Saskia! Ich werde mich hier nicht weiter…«

Er bricht ab, als ich anfange laut zu gähnen und mich ausgiebig zu strecken, bevor ich langsam die Augen öffne. Saskia und Wölfchen nehmen sofort wieder die Positionen ein, die sie hatten, bevor ich mich schlafend gestellt habe, nur ihre Gesichter sind jetzt viel grimmiger.

»Oh, Mann!«, gähne ich erneut und schaue auf meine Uhr. »Wie lange war ich weg? Kam mir viel länger vor. Ich habe vielleicht einen Mist geträumt. Da waren lauter Typen im Anzug, ich glaube, es war in einer Bank oder so. Und die haben Fußball gespielt. Die einen hatten rote Krawatten, die anderen blaue. Und dann war da noch eine Frau, ich glaube, sie war Schiedsrichterin. Sie hat einen nach dem anderen übelst angeschrien und die rote Karte gezeigt. Am Ende war keiner mehr auf dem Platz, bis auf einen. Und der hat sich dann eine Linienrichterin geschnappt, die riesige Brüste hatte, und gerade als die beiden hinter dem Tor so richtig loslegen wollten, bin ich aufgewacht. Ist doch echt total abgedreht, was man manchmal für einen Schwachsinn träumt, oder? Geht euch das auch so?«

Das musste jetzt einfach sein, die Verlockung, ihre dummen Gesichter zu sehen, war zu groß.

Sie gucken sich gegenseitig an und Wölfchen fängt plötzlich an zu lachen. Keine drei Sekunden später steigt Saskia mit ein.

»Was denn?«, frage ich gespielt unwissend. »Was ist denn auf einmal so lustig? So witzig war der Traum jetzt auch wieder nicht.«

»Doch!«, prustet Wölfchen. »Das war er!«

»Allerdings!«, stimmt Saskia zu und wischt sich Lachtränen aus dem Gesicht.

»Na gut«, grinse ich breit. »Wenn ihr meint.«

Saskia rückt ganz nah an Wölfchen ran, flüstert ihm etwas

ins Ohr und drückt ihm einen Kuss auf die Lippen, den er sofort erwidert.

Gern geschehen, Wölfchen. Das hätte sonst mit Sicherheit länger gedauert.

Die beiden tuscheln und turteln weiter und ich bin wieder Luft für sie.

Ich krame die Cola, die ich am Bahnhof gekauft habe, aus meiner Tasche und nehme einen tiefen Zug, während ich aus dem Fenster schaue.

Ob in Berlin auch so schönes Wetter ist? Nicht, dass das wichtig wäre, zumindest nicht für mich. Aber sie hat mir mal geschrieben, dass ihre Laune extrem sonnenabhängig wäre. Und ich will sie natürlich bei möglichst bester Laune überraschen und keine Pleite erleben, nur weil die Sonne nicht scheint. In welcher Mail war das noch mal, dass sie das geschrieben hat? Das war noch ziemlich früh, in einer der ersten, oder? Na, das lässt sich doch leicht überprüfen, wozu schleppe ich schließlich diesen schweren Laptop mit rum. Ich ziehe ihn aus der Tasche und schalte ihn an.

Zwischen Berlin-Ostbahnhof und Wittenberg, 8:56

»Ich will aber jetzt, Mama.«

»Es gibt jetzt aber keine Schokolade! Und du setzt dich sofort wieder hin! Zu Hause wird auch nicht auf dem Sessel rumgesprungen!«

»Aber ich will, ich will, ich will!«

»Der Herr Will ist gestorben! Hinsetzen, habe ich gesagt!«

»Und Zubu will auch! Scho-ko-la-de! Scho-ko-la-de! Scho-ko-la-de!«

Dieser kleine Satansbraten hüpft weiter neben mir auf dem Sitz herum. Das geht jetzt schon fünf Minuten so, mindestens. Und es nervt tierisch. Ich nehme alles zurück, was ich vorhin gesagt habe. Von wegen so einen will ich auch mal. Nein, danke, verzichte, zu stressig. So süß er auch aussehen mag, ich hätte ihm als Mutter wahrscheinlich längst den Hals umgedreht. Nein, hätte ich natürlich nicht, keine Mutter würde das machen. Aber jede Wette, die Mutter, die mir gegenübersitzt, spielt gerade jetzt mit dem Gedanken, rein theoretisch, natürlich.

»Sascha, es reicht!«, zischt sie ihn an.

Am liebsten würde sie ihn bestimmt ganz laut anschreien, aber das traut sie sich wahrscheinlich nicht, bei den vielen Leuten hier im Zug.

»Scho-ko-la-de! Scho-ko-la-de! Scho-ko-la-de!«

Wenn ich jetzt ein Mars oder so dabeihätte, würde ich es ihm komplett quer in sein kleines, plärrendes Mundwerk schieben. Warum gibt sie ihm nicht einfach was, damit er endlich aufhört?

»Sascha!« Sie steht auf, beugt sich über den Tisch und zieht seine Beine nach vorne, sodass er auf den Hintern rutscht. »Jetzt ist es aber wirklich genug! Du bleibst jetzt gefälligst sitzen, hörst du? Du wirst bei Oma mehr als genug Schokolade kriegen, so lange musst du eben noch warten!«

»Menno!«, verzieht der Kleine schmollend sein Gesicht. »Ich will aber jetzt Schokolade!«

»Es gibt aber keine! Und jetzt ist Ruhe, sonst werde ich wirklich böse! Nimm dir ein Beispiel an deiner Schwester, die ist mucksmäuschenstill.«

»Die hört ja auch ihre doofe Kassette«, brummelt der Kleine, was seine Schwester wohl trotz Knöpfen in den Ohren gehört hat, denn sie streckt ihm kurz die Zunge raus.

»Mama, Biene ist frech zu mir!«, beschwert sich der Kleine sofort.

»Sascha, jetzt sei endlich still und lass Bienchen mal in Ruhe ihre Kassette hören!«

Der Kleine schnappt sich das Zebra und drückt es schmollend an seine Brust. Immerhin, er scheint jetzt ruhig zu bleiben, wurde auch Zeit.

Eins steht wirklich fest: Das mit dem Kinderkriegen kann definitiv noch warten. Wenn ich mir vorstelle, jeden Tag so ein Theater mitmachen zu müssen, nein, danke. Wie hält Jasmin das bloß aus? Wie alt ist ihr Zwerg jetzt? Sie hat ihn gekriegt, als wir fünfzehn waren, in der achten Klasse, genau. Also ist er schon fast drei. Wahnsinn, wie schnell das geht. Mensch, bei der habe ich mich auch ewig nicht mehr gemeldet. Dabei waren wir so was wie beste Freundinnen damals. Aber nachdem sie das Baby gekriegt hatte, brach der Kontakt immer mehr ab. Wobei das nicht nur von mir ausging. Ich habe am Anfang immer wieder versucht, dass wir mal was zusammen machen, aber sie hatte nie Zeit und hat ständig abgesagt, und ich glaube, ich habe das irgendwann persönlich genommen und mich dann gar nicht mehr bei ihr gemeldet. Eigentlich blöd von mir, wenn ich jetzt drüber nachdenke. Natürlich hatte sie fast keine Zeit mehr, sie musste sich ja um das Baby kümmern. Und das ist schließlich nichts, was man mal so kurz nebenbei erledigen kann. Ich glaube, ich war ziemlich egoistisch ihr gegenüber. Wobei ihr unsere Freundschaft ja auch nicht wirklich wichtig gewesen sein konnte, denn sonst hätte sie sich mittlerweile ja mal wieder gemeldet. Ach, egal, ich werde sie einfach mal anrufen, wenn ich zurück bin, kann ja nicht schaden. Ob sie wohl mittlerweile den Vater des Kleinen ausfindig gemacht hat? Das war nämlich die größte Sauerei damals. Ihre Eltern hatten ihr einen Sprachurlaub spendiert für ihr gutes Zeugnis, in Spanien. Und dort hatte sie eben was mit diesem Kerl, einem Franzosen, glaube ich, viel älter als sie, dreiundzwanzig oder so. Er sah natürlich umwerfend gut aus, behauptete sie jedenfalls. Es gab nicht ein einziges Foto von ihm, weil sie Schiss hatte, ihre Eltern könnten es vielleicht finden und blöde Fragen stellen und sie nicht mehr allein wegfahren lassen. Sie besaß nur einen Zettel mit seinem Namen und seiner Adresse, und beides stellte sich im Nachhinein als falsch heraus. Dieses miese Arschloch. Im Urlaub die Naivität von 15-jährigen Mädchen ausnützen und dann noch nicht mal den richtigen Namen sagen. Möchte nicht wissen, wie oft er diese Tour noch abgezogen hat. Mein Max würde so was nie machen, jedenfalls will ich es ihm nicht geraten haben. Aber dazu ist er überhaupt nicht der Typ, im Gegenteil. Diese eine Mail war so süß, wie war das noch? Genau, da hat er geschrieben, dass er nie mit einem Mädchen schlafen könnte, wenn er nicht absolut in sie verliebt wäre. Und selbst dann würde es trotzdem noch eine ganze Weile dauern, weil er findet, so was müsste sich langsam entwickeln, Schritt für Schritt, dann wäre es viel schöner. Das hat mich total umgehauen. Bisher habe ich nämlich nur Jungs kennengelernt, denen es nicht schnell genug gehen konnte, und die stellten sich allesamt letzten Endes als Idioten heraus. Max ist kein Idiot, das spüre ich. Und ich werde mit ihm schlafen. Aber noch nicht heute oder morgen, erst wenn wir uns langsam nähergekommen sind. Ich hoffe allerdings, dass es nicht allzu lange dauern wird, denn ich habe jetzt schon sehr große Lust darauf, rein körperlich betrachtet. Mein letztes Mal ist ewig her, über drei Monate, mindestens. Und der Typ war eine Katastrophe. Aber ich war ja selbst dran schuld. Was kann man schon erwarten, wenn man sich von einem zwar schnuckeligen, aber total betrunkenen Typ auf einer Abi-Party abschleppen lässt, der beim Spucken von einer Brücke noch nicht mal mehr das Wasser getroffen hätte. Nein, das war kein Sex, das war ein Geschicklichkeitsspiel, bei dem ich eindeutig verloren habe. Aber egal, vergessen. Mit Max wird alles besser, auch das, da bin ich mir ganz sicher. Weil er nämlich einfühlsam ist. Er denkt nicht immer nur an sich und das …

»Conni hat das Seepferdchen!«, ruft Bienchen plötzlich laut zwischen meine Gedanken.

Wie bitte, wer hat was?

»Mama!«, ruft sie noch lauter und zupft ihre Mutter am Ärmel. »Mama! Conni hat das Seepferdchen!«

»Ich weiß«, seufzt die Mutter und verdreht zu mir schauend die Augen. »Conni hat das Seepferdchen.«

Gut, das habe ich jetzt verstanden. Aber wer ist Conni? Und wie kommt sie hier im Zug zu einem Seepferdchen? Ich schaue die Mutter verwirrt an.

»Die Kassette«, sagt sie leise, beugt sich zu mir rüber und verdreht dabei wieder die Augen. »Ich durfte sie mir bestimmt schon fünfzigmal anhören. Und Conni kriegt jedes Mal das Seepferdchen. Ich kann nur hoffen, dass sie beim Freischwimmer absäuft, sonst drehe ich irgendwann noch durch.«

Sie zwinkert mir lächelnd zu und lässt sich in den Sitz zurücksinken.

Ach so, dieses Seepferdchen, jetzt kapiere ich. Conni ist wohl die Heldin dieser Kassette und hat gerade schwimmen gelernt. Ich hatte als kleines Mädchen eine *Dschungelbuch*-Kassette, die ich auch ständig gehört habe. Wahrscheinlich ging es Papa damals ähnlich wie dieser Frau jetzt.

Hihi, das muss ich gleich mal ausprobieren, wenn ich wieder zu Hause bin, die Kassette habe ich noch irgendwo.

»Mama!«, meldet sich der Kleine plötzlich lautstark zurück. »Mir ist langweilig!«

Das war zu befürchten, diese Ruhe konnte nicht ewig anhalten.

»Spiel mit deinem Zebra, Sascha«, sagt seine Mutter.

»Aber Zubu ist auch langweilig!«, entgegnet der Kleine.

»Dann kann ich auch nichts machen. Wir sind ja bald da. Bei Oma kriegst du bestimmt wieder ganz viel zum Spielen.«

»Ich will Kassette hören!«

»Das geht aber nicht, Sascha. Du siehst doch, dass Bienchen gerade Kassette hört.«

»Genau!«, streckt ihm seine Schwester erneut die Zunge entgegen. »Ich bin dran, Blödmann!«

»Ich will aber auch mal! Mama! Warum darf die immer Kassette hören und ich nie?«

»*Die* steht im Stall, Sascha. Das weißt du ganz genau.«

»Ja«, brummelt der Kleine. »Da gehört die auch hin.«

»Sascha! Nicht so frech, hörst du?«

»Aber ich will auch mal Kassette hören! Immer darf Bienchen und ich nie!«

»Wenn Bienchen fertig ist, darfst du. So lange musst du aber noch warten.«

»Aber das dauert noch sooo lange!«, stöhnt der Kleine. »Bienchen hört doch immer gaaanz langsam! Dann bin ich ja so alt wie Oma!«

»Ganz so lange wird's bestimmt nicht dauern«, sagt seine Mutter schmunzelnd und auch ich muss grinsen. Das war jetzt wieder supersüß, so müsste er bleiben.

Ich schlage meinen Reiseführer wieder auf und blättere ein bisschen darin. Das sieht ja schon schön aus mit den Bergen im Hintergrund. Ob Max mal mit mir dorthin fährt? Scheint ja ganz nah zu sein. Und er hat ja vor vier Wochen im zweiten Anlauf endlich seinen Führerschein bestanden, nachdem er bei der ersten Prüfung einen Hund totgefahren hatte. Ich weiß noch genau, wie fix und fertig er an diesem Tag am Telefon war. Aber nicht wegen der vermasselten Prüfung, sondern nur wegen dieses Hundes und dessen Besitzerin, eine ältere Frau. Das meine ich mit einfühlsam. Jeder andere hätte diese Frau und ihren Hund wahrscheinlich verflucht und beschimpft, weil sie ihn den Führerschein gekostet haben, aber nicht Max, er war nur traurig, weil die Frau so traurig war. Und genau das liebe ich an ihm. Er denkt zuerst an andere und wie es ihnen geht. So wie an dem Tag, an dem er seinen Führerschein bestanden hat und ich die

Französischklausur in den Sand gesetzt habe. Ich hatte tagelang vorher gelernt, weil ich unbedingt fünf Punkte brauchte, und dann kam ein völlig anderes Thema dran. Ich war immer noch total aufgelöst, als Max mich nachmittags anrief, und habe ihm bestimmt eine halbe Stunde lang die Ohren vollgeheult, wie ungerecht das Leben doch sei und die Schule sowieso und Französisch erst recht und überhaupt alles. Er hat die ganze Zeit über nur zugehört und versucht mich zu beruhigen, superlieb einfach, als hätte es wirklich in diesem Moment nichts Wichtigeres auf der Welt gegeben als meine blöde Klausur. Dabei wollte er eigentlich nur anrufen, um mir die freudige Nachricht seiner bestandenen Prüfung zu überbringen. Aber kein Wort davon, das hat er mir dann erst am nächsten Tag erzählt, als ich wieder ein bisschen besser drauf war. Und im Endeffekt stellte sich heraus, dass ich die Klausur gar nicht verhauen hatte, es waren sogar sieben Punkte, dieses ganze Rumgeheule war also völlig umsonst gewesen. Das war mir dann natürlich superpeinlich, aber er hat sich einfach nur für mich gefreut, und das fand ich total ...

»Kann ich auch mal gucken?«

Der Kleine streckt sich über die Armlehne zu mir herüber.

»Was ist denn das für ein Buch? Sind da auch Bilder drin?«, fragt er neugierig.

»Sascha, lass das Mädchen in Ruhe lesen!«, ermahnt ihn seine Mutter. »Das ist kein Kinderbuch.«

»Schon okay«, sage ich und halte das Buch in Richtung des Kleinen. »Das ist ein Buch über München. Ein Reiseführer. Ich fahre nämlich nach München, und da steht drin, was es in München so alles zum Angucken gibt.«

»Oh, toll!«, ruft er freudig. »Gibt's da auch einen Spielplatz in München? Zeig mal!«

Er klettert fast komplett über die Armlehne, stützt seine kleinen Ellenbogen in meinen Schoß und schaut neugierig auf das Buch.

»Ja«, lache ich. »Es gibt bestimmt ganz viele Spielplätze in München. Aber von denen sind leider keine Bilder hier drin.«

»Dann ist das aber ein doofes Buch«, sagt er enttäuscht und klettert zurück auf seinen Sitz. »Da müssen ganz viele Spielplatzbilder rein, sonst guckt sich das doch keiner an.«

»Ja, da hast du natürlich Recht«, stimme ich ihm schmunzelnd zu.

»Warum fährst du denn nach München?«, fragt er.

»Ich besuche dort jemanden.«

»Deine Oma?«

»Nein, meine Oma wohnt in Dresden.«

»Deinen Opa?«

»Sascha!«, zischt seine Mutter. »Du sollst doch fremde Leute nicht immer so ausfragen!«

»Schon in Ordnung«, winke ich ab. »Das macht mir nichts aus. Nein, mein Opa wohnt in Berlin.«

»Meiner wohnt im Himmel«, sagt der Kleine. »Da ist er letztes Jahr hingezogen. Wegen dem Krebs, weil der böse war.«

Oje, der Arme. Wenn ich mir nur vorstelle, dass mein Opa irgendwann sterben wird, zieht sich in mir vor Traurigkeit schon alles zusammen. Aber er ist noch total fit und wird uns wahrscheinlich alle überleben, sagt Papa immer.

»Da soll es sehr schön sein, im Himmel«, sage ich lächelnd zu dem Kleinen.

»Da gibt's ganz viele Spielplätze, hat Oma gesagt. Aber die sind nur für Erwachsene und da darf man erst hin, wenn man schon ganz alt ist, so wie Opa.«

»Ja, das habe ich auch gehört«, nicke ich bestätigend.

Irgendwie beneide ich den Kleinen um seine Unwisserheit. Ich würde auch lieber noch an einen Umzug in den Himmel voller Spielplätze glauben, als vom Tod zu wissen. Aber seit dem Mama gestorben ist, geht das nicht mehr. Sie ist nicht einfach mal umgezogen, sie ist ...

»Ich weiß, wen du besuchst!«, zupft mich der Kleine am Ärmel aus meinen Gedanken.

»So? Wen denn?«, frage ich.

»Deinen Freund, stimmt's?«

»Ja, ich besuche meinen Freund. Woher weißt du das?«

»War nur geraten«, kichert der Kleine.

Ich hatte natürlich keine Lust ihm zu erklären, dass Max eigentlich noch gar nicht mein Freund ist, weil wir uns ja noch nie gesehen haben. Aber es war ein ziemlich schönes Gefühl zu sagen, dass ich meinen Freund besuche, daran könnte ich mich gewöhnen.

»Wie heißt denn dein Freund?«, will der Kleine wissen.

»Max«, antworte ich.

»Und du?«

»Ich heiße ...«

»Die Fahrkarten, bitte!«, unterbricht mich ein Schaffner.

»Oh ja!«, ruft der Kleine aufgeregt und springt auf den Sitz. »Ich, Mama! Lass mich! Bitte, bitte!«

»Jaja«, sagt seine Mutter und kramt die Fahrkarten aus einer Tasche. »Du darfst ja. Moment.«

Ich ziehe meine aus der Jackentasche und reiche sie dem Schaffner, der sie mir abgestempelt zurückgibt.

»Schneller, Mama!«, quengelt der Kleine und hüpft ungeduldig auf und ab. »Mach schon!«

»Ja, ich hab's ja gleich!«, stöhnt sie genervt. »Hier, du Quäl-geist!«

Sie gibt die Fahrkarte dem Kleinen, der sie sofort stolz an den Schaffner weiterreicht.

»Bitte schön, Herr Inspektor!«, sagt er ernst und schaut ge-spannt zu, wie der Schaffner die Karte betrachtet.

»Das Mädchen gehört auch zu Ihnen?«, fragt dieser die Mut-ter und zeigt auf Bienchen.

»Nein!«, schüttelt der Kleine den Kopf. »Die ist doof.«

»Bin ich gar nicht!«, protestiert Bienchen und zieht sich die Kopfhörer aus den Ohren. »Selber doof, Blödmann!«

»Selber Blödmann!«, kontert der Kleine. »Kannst du die nicht verhaften, Herr Inspektor?«

»Sascha, es reicht jetzt!«, zischt seine Mutter und wendet sich an den Schaffner. »Entschuldigen Sie bitte. Ja, das ist meine Tochter.«

»In Ordnung«, grinst der Schaffner und gibt das Ticket dem Kleinen zurück. »Gute Fahrt noch!«

»Sascha, du bist wirklich unmöglich!«, schimpft die Mutter, als der Schaffner außer Hörweite ist.

»Genau!«, stimmt Bienchen mit ein. »Unmöglich, du Blöd-kopf!«

»Selber unmöglich!«, wehrt sich der Kleine. »Kann ich jetzt Kassette hören, Mama?«

»Nur wenn Bienchen fertig ist. Bist du fertig, Bienchen?«

Bienchen nickt und legt den Walkman auf den Tisch.

»Aber mach meine Kassette, Mama! Conni ist doof!«

»Wie heißt das Zauberwort, Sascha?«

»Bitte, Mama! Schnell!«

»Jaja, ich mach ja schon! Wenigstens bist du dann mal still!«

Die Mutter wechselt die Kassette aus und der Kleine lehnt sich in seinen Sitz zurück. Und schon sind mein Freund und ich vergessen. Wollte er nicht gerade noch wissen, wie ich heiße? Kinder haben echt die Aufmerksamkeitsspanne eines Flummis. Aber das ist eben so. Ansonsten wäre ich jetzt auch ein bisschen beleidigt.

Na gut, dann eben zurück zu meinem Reiseführer. Oder nein, ich glaube, ich werde die anstehende Stille dazu nutzen, ein wenig zu schlafen. Ich will Max schließlich frisch und ausgeruht als Überraschung entgegentreten.

Zwischen München-Pasing und Augsburg, 9:15

< Cartman: hat jemand gestern die letzte folge von 24 gesehen? die war ja wohl weltklasse!

< Erdbeerchen16: mein freund guckt das immer, ich finds viel zu brutal.

< **Wuchtbrumme: ich fand's auch weltklasse! sauspannend bis zum schluss! beste tv-serie zurzeit!**

< Cartman: absolut meine meinung! jack bauer ●●●●●●!

< Erdbeerchen16: war das der, der dem anderen die hand abgehackt hat? das war eklig. ich finde so was muss man nicht zeigen!

< Cartman: man hat ja nichts gesehen. außerdem musste er das machen, sonst wäre das virus ausgebrochen. das war verdammt cool!

< **Wuchtbrumme: genau! damit hätte ich echt nicht gerechnet! Ich meine, chase ist quasi sein schwiegersohn und er hackt ihm die hand ab! das kam echt super-überraschend!**

< Cartman: bin gespannt, ob die hand nächste staffel wieder dran ist.

< **Wuchtbrumme: klar, bauer hat doch noch gesagt, dass sie wahrscheinlich gerettet werden kann.**

< Erdbeerchen16: die kann man doch nicht einfach wieder
        so drannähen, oder?

< Cartman: echt, hat er das gesagt? wann denn?

< **Wuchtbrumme: ziemlich am ende, als er mit kim
        geredet hat.**

< Cartman: da hab ich wohl nicht aufgepasst, muss ich
        noch mal gucken!

< Erdbeerchen16: hallo? ich habe was gefragt!

< *Trekster: was haltet ihr eigentlich von der neuen
        star-trek-serie?*

< Cartman: ganz okay. aber hier geht es gerade um 24.
        wuchtbrumme, denkst du, der präsident tritt echt
        zurück?

< **Wuchtbrumme: ich hoffe nicht! der würde mir echt
        fehlen!**

< *Trekster: ganz okay? das stimmt doch alles hinten
        und vorne nicht! allein wie die klingonen
        aussehen!*

< Cartman: das interessiert hier gerade keine sau.

< **Wuchtbrumme: genau ... ☺**

< *Trekster: und überhaupt, die ganze technik! ich meine,
        ein abschleppseil als traktorstrahlersatz? ich bitte
        euch!*

< Cartman: hey, merkst du was? du bist hier im falschen
        chat!

< uhura68: das mit den klingonen soll aber noch erklärt
        werden, habe ich gelesen. ansonsten finde
        ich die serie nicht schlecht, es entwickelt sich
        langsam.

< Cartman: na, super, noch ein trekkie!

< **Wuchtbrumme: da scheint irgendwo ein nest zu sein**
...;-)

< Cartman: sind anscheinend beim beamen falsch
abgebogen ... ☺

< *Trekster: ha, ha, sehr witzig. was entwickelt sich denn*
da bitte schön uhura? die schaffen ja noch nicht
mal warp 7!

< uhura68: also, darauf kommt es ja wohl echt nicht an!
das ist eben so. hauptsache die storys sind gut.
und die crew ist ziemlich klasse, vor allem
captain archer!

< *Trekster: die storys sind doch alle geklaut, hat man alles*
schon mal gesehen. und archer kriegt ständig was
auf die fresse, dieser warmduscher. das ist echt
die mieseste star-trek-serie, die jemals produziert
wurde ... :(

< **Wuchtbrumme: warum guckst du sie dann? nur um im**
chat zu nerven?

< Cartman: sehr gute frage ... :)

< frodo4ever: wusstet ihr eigentlich,
dass quasi alle geschichten, die es
gibt, aus hdr geklaut sind?

< Cartman: auch das noch, ein scheiß-hobbit!

< *Trekster: keine beleidigungen im chat!*

< Cartman: und was machst du dann hier?

< *Trekster: wieso? ich habe niemanden beleidigt!*

< **Wuchtbrumme: nein, aber du bist schon eine**
beleidigung an sich!

< Cartman: ☺ ☺ ☺

< frodo4ever: was hast du denn gegen
hobbits? fandst du etwa hdr nicht
gut?

< Cartman: doch. aber deswegen muss man ja nicht gleich
eine religion draus machen. ihr nervt einfach.
verpiss dich ins auenland!

< *Trekster: das geht jetzt aber echt zu weit!*

< Cartman: das gleiche gilt natürlich für dich. ihr
trekkies habt doch auch allesamt was an der
birne!

< uhura68: ich bin jetzt endlich raus. das ist unter
meinem niveau.

< *Trekster: ich auch. das muss ich mir nicht weiter antun.*

< Cartman: und tschüss! ihr könnt euch ja bei eurem
captain beschweren!

< **Wuchtbrumme:** ☺ ☺ ☺

< Cartman: so, können wir jetzt endlich wieder zum
eigentlichen thema zurückkommen? wo waren
wir?

< Erdbeerchen16: genau! ihr habt immer noch nicht meine
frage beantwortet! wie ist das denn jetzt? kann
man eine abgehackte hand einfach so wieder
drannähen?

< frodo4ever: frodo hat ja einen finger
verloren.

< Cartman: oh mann, ich werde echt noch wahnsinnig
hier!

Das war sie, unsere erste Begegnung. Cartman und Wuchtbrumme. Sie war mir sofort sympathisch, wobei mich ihr Chatname schon etwas abgeschreckt hat, denn vor meinem inneren Auge saß dort ein unförmiges, schwabbelndes Etwas am anderen Ende der Leitung. Ihr ging es genauso, wie sie mir später geschrieben hat. Klar, Cartman ist nun auch nicht gerade schlank, allerdings hatte ich mir diesen Namen nicht wegen Cartmans Umfang, sondern aufgrund seiner großen Klappe ausgesucht. Cartman sagt immer das, was er gerade denkt, ohne Rücksicht auf Verluste, und das schien mir für einen Chatnamen geradezu prädestiniert provozierend zu sein. Trotzdem habe ich Wuchtbrumme natürlich angeflüstert, weil sie mir eben sympathisch war und ich noch ein bisschen mit ihr über 24 schwätzen wollte und über die ganzen Vollidioten, die sich im Chat rumtreiben. Und das haben wir dann auch gemacht, über eine Stunde lang, und wir hatten einen Riesenspaß dabei. Was sich im ersten Chat schon angedeutet hatte, vertiefte sich da bereits, wir haben einen sehr ähnlichen Humor. Ich musste noch nie so viel mit einem Mädchen lachen und hätte noch Stunden weitermachen können, aber sie beendete das Gespräch dann, weil ihr Vater nach Hause gekommen war. Ich gab ihr noch meine Mailadresse und sagte, dass sie sich ja mal melden könnte, wenn sie Lust hätte, und sie antwortete, sie würde es sich überlegen, gab mir ihre Adresse allerdings nicht. Und dann hat sie sehr lange überlegt, ich hatte sie schon fast abgeschrieben, wobei ich immer wieder mal im Chat geguckt habe, ob sie zufällig auftauchte, was sie aber nicht tat, Wuchtbrumme war verschwunden. Über eine Woche später bekam ich eine Mail mit dem Absender v.friedrich@freenet.de und ohne Betreff, womit ich erst mal gar nichts anfangen konnte und sie fast schon als Spam löschen wollte. Dann war ich aber doch zu neugierig, wie ich es meistens bin, und öffnete sie. Moment, wo hab ich sie denn? Die müsste doch auch hier drauf … Ah, ja, da ist sie.

> hi cartman! oder soll ich dich lieber max nennen?;-)
>
> tut mir leid, dass ich mich erst jetzt melde, hatte viel zu tun.
> geht's dir gut? was machst du so? ich fand es sehr lustig mit dir zu chatten, können wir gerne mal wieder machen, wenn du magst.
> schreib mir doch mal!
> wuchtbrumme

Max?, wunderte ich mich. Woher kennt sie meinen Nam…? Ach so, klar, meine Mailadresse! Da steht ja Max drin. Ich schaute mir ihre noch mal an. v.friedrich. V Punkt. Wofür könnte das V stehen? Vera? Verona? Vicky? Keine Ahnung. Ich beschloss einfach mal ins Blaue zu schießen und antwortete ihr sofort.

> hallo vicky!
>
> mir geht's gut, danke! was ich gerade mache? ich freu mich, dass du mir gemailt hast :) fand es nämlich auch sehr lustig im chat, sollten wir öfter machen! wann hast du denn zeit?
> max

Es dauerte keine zwei Minuten, bis ihre Antwort kam.

hi max!

netter versuch, aber ich heiße nicht vicky ;-)
wie wär's mit samstagnachmittag so zwischen 3 und 4?
Vorher gehts nicht.

Mist, falsch getippt. Aber das würde ich schon noch rauskriegen, so leicht gebe ich nicht auf.

hallo vera!

samstag ist gut, geht's auch zwischen 2 und 3? hab um
halb 4 ein spiel.

Ich wartete gespannt auf ihre Antwort und diesmal kamen mir die zwei Minuten viel länger vor.

wieder daneben ... ;-)

2 und 3 ist o.k. was spielst du denn?

Verdammt, wieder falsch! Aber okay, jetzt erst recht!

hallo verona!

sehr schön, dann zwischen 2 und 3 am samstag,
freu mich schon ☺
ich spiele eishockey. machst du auch sport?

Das ist es, viel mehr Namen mit V gibt es ja wohl nicht. Und die zwei Minuten vergingen noch ein bisschen langsamer.

> **verona? das ist hoffentlich nicht dein ernst! versuch's noch mal ... ;-)**
>
> **ja, freu mich auch ☺ ich boxe.**

Oh Mann, Mist, schon wieder daneben! Sie boxt? Meine Vorstellung einer sehr kräftigen und nicht gerade mädchenhaften Gestalt festigte sich natürlich in diesem Moment um ein Vielfaches. Aber egal, erst mal galt es ihren Namen rauszukriegen, der Ehrgeiz hatte mich gepackt.

Was gibt's denn noch mit V? Ah ja! Einen habe ich noch!

> hallo vanessa!
>
> mit v stimmt aber schon, oder? ansonsten kann ich nämlich bis weihnachten raten und komme nicht drauf! du boxt? so richtig? ich meine, gegen andere?

Während der nächsten zwei Minuten versuchte ich mir eine hübsche und zierliche Boxerin vorzustellen, aber es kam doch immer wieder eine Wuchtbrumme dabei heraus.

> **mit v stimmt schon, vanessa nicht ... ;-)**
>
> **klar gegen andere, was sonst? oder hast du schon mal einen boxkampf mit nur einem boxer gesehen? ;-)**

Das darf doch einfach nicht wahr sein! Bestimmt hat sie einen Namen, den kein Mensch kennt. Irgendwas Orientalisches oder so. Aber ich gebe nicht auf, noch nicht!

> hallo virginia!
>
> punkt für dich, allein boxen macht nicht viel sinn ;-)
> wie viele kämpfe hattest du schon? in welcher Klasse
> boxt du?

Geschickt, was? Ich habe extra nicht nach der *Gewichts*klasse
gefragt, aber wenn sie darauf antwortet, weiß ich wenigstens
ungefähr, wie wuchtig diese Brumme ist.

> **nicht virginia. auch nicht texas oder florida ... ;-)**
>
> **bantam. hatte bis jetzt 14 kämpfe, nur 2 verloren** ☺
> **tut mir leid, muss jetzt aufhören** ☹ **bis samstag! überleg
> dir bis dahin noch ein paar namen mit v ... ;-)**

Bantam? Mist. Davon habe ich zwar schon gehört, aber keine
Ahnung, wie sich das in Kilo ausdrückt. Hört sich irgendwie
schwer an, oder? Bantam. Klingt wie der Name eines Sumo-
ringers. Bantam, der Koloss. Bantam, der Barbar. Bantam,
die Wuchtbrumme. Vroni, die Bantambrumme? Oder Va-
leska Wuchtbantam?

So kam ich natürlich nicht weiter, jedenfalls nicht mit dem
Namen. Aber das mit dem Gewicht ließ sich herausfinden,
wozu gibt es schließlich das Internet? Ich tippte »boxen/
gewichtsklassen« in eine Suchmaschine und bekam auch
prompt ein Ergebnis, eine Site, auf der alles genau tabella-
risch aufgelistet war, nach männlich/weiblich und Alter. Ihr
Alter wusste ich zwar noch nicht, schätzte sie aber auf irgend-

was zwischen fünfzehn und zwanzig. Ich durchsuchte die Spalten nach Bantam und fand es schließlich, konnte aber nicht so ganz glauben, wo es stand. Bantam war genau zwischen Fliegengewicht und Federgewicht. Das klang allerdings nicht sehr schwer. Meine Augen wanderten in der Tabelle nach rechts. 52 Kilo? Das kann nicht sein! Wer wiegt denn lächerliche 52 Kilo und nennt sich Wuchtbrumme? Es sei denn, sie ist sehr klein, natürlich. Winzig, eins zwanzig vielleicht. Aber dann würde sie wohl kaum boxen. Sehr seltsam, das alles. Aber ich würde der Sache schon noch auf den Grund kommen. Und den Namen würde ich ebenfalls rauskriegen, und zwar am Samstag.

Bis dahin waren es drei Tage, an denen ich mich immer wieder dabei ertappte, wie ich in den unterschiedlichsten Situationen plötzlich an Namen mit V dachte. Im Kino, zu Hause, mitten in Gesprächen und, was am schlimmsten war, während meiner Fahrstunden. Einmal wäre ich deswegen an einer roten Ampel fast einem hintendrauf geknallt, weil ich kurz vorher an einem Plakat vorbeigefahren bin, auf dem ein Konzert von »Virginia Jetzt!« angekündigt war, und ich sofort wieder anfing zu grübeln, wie eine 52 Kilo leichte Wuchtbrumme wohl heißen könnte. Mein Fahrlehrer hat dann zum Glück für mich gebremst und war natürlich stinksauer. Den Führerschein habe ich aber trotzdem geschafft, allerdings erst beim zweiten Anlauf. Über den ersten Versuch decke ich hier mal den Mantel des Schweigens, das war superpeinlich.

Jedenfalls hatte ich nach diesen drei Tagen alle Namen mit V gesammelt, die ich auftreiben konnte und … Moment mal, was raschelt denn hier auf einmal so komisch?

Ich spähe möglichst unauffällig in die Richtung, aus der das Geräusch kommt. Aha, Saskia packt das Hemd aus.

»Los, anziehen!«, sagt sie und hält es Wölfchen vor die Nase.

»Wie, jetzt schon?«

»Na klar, wann denn sonst? Wir sind bald da. Meine Eltern holen uns doch am Bahnhof ab.«

»Na gut«, seufzt Wölfchen und schält sich aus seiner Adidas-Jacke. »Wenn's sein muss.«

»Ja, muss es«, grinst Sakia fies.

Wölfchen schüttelt das neue Hemd zweimal kräftig aus und schlüpft hinein.

»Müsste das nicht erst gebügelt werden?«, fragt er und beäugt kritisch die Falten.

»Dazu hatte ich nun echt keine Zeit mehr«, verdreht Saskia die Augen und streicht mit der flachen Hand über das Hemd. »Das geht schon so.«

Wölfchen knöpft das Hemd langsam von unten nach oben zu.

»Den obersten auch?«, fragt er zögerlich.

»Klar, da muss doch die Krawatte drüber. Warte, ich helf dir!«

Saskia fummelt an Wölfchens Kragen herum.

»Das geht aber auch immer schwer, wenn die Dinger neu sind!«, ächzt sie. »Warte, gleich hab …«

»Aua!«, schreit Wölfchen plötzlich auf.

»Jetzt stell dich nicht so an!«, fummelt Saskia unbekümmert weiter. »Du wirst es überle…«

»Au!«, schreit Wölfchen noch lauter als vorher. »Saskia, das pikst!«

»Quatsch, das kann gar nicht piksen! Halt still! Bist doch kein kleines Kind mehr!«

»Aaaaah, verdammt!«, brüllt Wölfchen und stößt Saskia von sich weg.

Er fingert vorsichtig hinten am Kragen herum.

»Da!«, ruft er und zieht eine Stecknadel hervor. »Von wegen, kann gar nicht piksen! Das ist eine Nadel, Saskia!«

»Oh«, sagt Saskia und fängt an zu kichern. »Da hab ich wohl eine übersehen.«

»Ja, super!«, motzt Wölfchen. »Sehr witzig! Soll ich dir das Ding vielleicht mal in den Hals rammen? Das findest du bestimmt nicht mehr zum Lachen!«

»Ach, Wölfchen«, versucht sie zu säuseln, muss aber immer noch kichern. »Das war doch keine Absicht. Komm, ich mach dir den Knopf zu.«

»Nein, geh weg!«, wehrt sich Wölfchen. »Das schaffe ich schon allein!«

Er fingert mit angestrengtem Gesicht den oberen Knopf in das Loch.

»Scheiße, ist das eng!«, stöhnt er. »Ich krieg ja kaum noch Luft! Und das den ganzen Tag? Das überleb ich nicht!«

»Und das Beste kommt erst noch!«, grinst Saskia wieder fies und reicht ihm die Krawatte. »Hier, bind sie um!«

Er legt sie sich um den Hals und starrt verwirrt von einem Ende auf das andere.

»Wie geht 'n das?«, fragt er. »Einfach einen Knoten rein?«

»Du weißt noch nicht mal, wie man eine Krawatte bindet?«

»Nein, woher denn? Ich hatte nie vor, eine anzuziehen.«

»Aber das weiß doch jeder!«

»Okay, dann mach du das.«

»Jeder Mann, meine ich! Woher soll ich denn wissen, wie das geht? Ich bin schließlich eine Frau! Wir müssen das nicht wissen!«

»Tja, Frau«, grinst Wölfchen und öffnet erleichtert den oberen Knopf. »Dann war's das wohl in Sachen Krawatte. So ein Pech aber auch.«

Das glaubst du doch wohl selbst nicht, Wölfchen. So leicht kommst du mit Sicherheit nicht aus der Sache raus, nicht mit einer Saskia als Freundin. Ihr Gehirn sucht schon fieberhaft nach einer Lösung dieses Problems, das sehe ich von hier aus. Und ich fürchte, ich weiß auch schon, auf welches Ergebnis sie bei ihrer Suche kommen wird. Genau, jetzt hat sie's, ihr Blick fällt auf mich. Ich senke meine Augen auf den Laptop.

»'tschuldigung?«, höre ich Saskias Stimme.

Ich reagiere nicht, schließlich bin ich gerade in etwas ganz Wichtiges vertieft.

»'tschuldigung?«, wiederholt sie etwas lauter und winkt mit der linken Hand.

Ich blicke auf und schaue sie leicht verwirrt an.

»Kannst du zufällig eine Krawatte binden?«, fragt sie, wie erwartet.

Ja, kann ich, ziemlich gut sogar. Das hat mir mein Vater schon mit zwölf beigebracht. Wobei ich auch nur ganz selten eine trage, bei Familienfesten oder ähnlichen Veranstaltungen vielleicht mal. Ich könnte Wölfchen locker in ein paar Sekunden die perfekt geknotete Schlinge um den Hals legen, kein Problem. Die Frage ist nur, ob ich das auch will. Will ich dieser Saskia einen Gefallen tun? Oder doch lieber Wölfchen? Meine Sympathien sind ganz klar verteilt. Wölfchen ist bestraft genug. Allein in diesem Hemd macht er schon den hilflosen Eindruck eines kleinen Jungen, den seine Mutter gerade für die Beerdigung seiner Oma angezogen hat. Nein, ich will nicht auch noch direkt an seinem Unglück beteiligt sein, ich halte mich da raus. Außerdem bin ich viel zu neugierig, was Saskia alles anstellen wird, um diese Krawatte doch noch gebunden zu kriegen.

»Eine Krawatte binden?«, sage ich und lege mein ahnungslosestes Gesicht auf. »Nein, sorry, keinen Schimmer. Macht meine Mutter immer, wenn's mal nötig ist.«

»Aha«, frotzelt Wölfchen in Saskias' Richtung. »Es gibt also auch Frauen, die wissen, wie man eine Krawatte bindet.«

»Mütter, ja!«, schießt Saskia zurück. »Aber ich bin ja wohl noch keine Mutter! Wenn ich mal Mutter bin und einen Sohn habe, dann werde ich das auch können, weil mein Mann es mir zeigen wird!«

»Nicht dieser Mann.« Wölfchen zeigt grinsend auf sich selbst.

»Hat ja auch niemand gesagt, dass du der Vater meiner Kinder wirst«, grinst Saskia zurück. »Los, komm!«

Sie steht auf und schnappt sich seine Hand.

»Wie, was? Wohin denn?«, will Wölfchen wissen, während er sich widerwillig von ihr nach oben ziehen lässt.

»Wir suchen jetzt jemanden, der dir die Krawatte bindet!«, antwortet Saskia und schiebt die Tür auf.

»Ja, aber, wir können doch nicht …«

»Nichts aber! Mitkommen!«, befiehlt Saskia und wendet sich an mich.

»Könntest du bitte kurz auf unsere Sachen aufpassen? Danke!«

Sie zieht Wölfchen hinter sich aus dem Abteil ohne meine Antwort abzuwarten und weg sind die beiden.

Ich stehe auf, ziehe breit grinsend die Tür hinter ihnen zu und setze mich wieder auf meinen Platz. Die Vorstellung, wie Saskia Wölfchen am Kragen hinter sich durch den Zug schleift und wildfremde Leute anquatscht, ob sie Krawatten binden können, ist zu köstlich. Dieser arme Teufel. Wenn ich er wäre, würde er mir fast schon leidtun, aber das bin ich ja zum Glück nicht. Ich bin nur verdammt froh, nicht auf dem Weg zu einer Saskia zu sein, sondern zu meiner … Genau, stimmt ja, da war ich stehen geblieben. Der Samstagschat zu zweit. Wo habe ich den noch mal gleich? Der müsste doch auch hier bei den Mails sein. Oder hab ich den unter *Chat* abgelegt? Verdammt, irgendwann muss ich das echt alles mal ordnen. Nein, unter *Chat* ist er nicht, Mist. Doch, hier, das müsste er sein. Ja, das ist er, sehr schön. Also, wie war das noch mal ganz genau an diesem Samstag?

Zwischen Berlin-Ostbahnhof und Wittenberg, 9:20

Ich klingle noch mal und schaue mich um. Ja, das ist die Bergmannstraße. Und das ist auch die richtige Hausnummer. Ich habe es gleich wieder erkannt, Max hatte mir Fotos vom gesamten Haus gemailt, innen und außen, damit ich mir genau vorstellen konnte, wo er lebt. Warum öffnet denn bloß niemand? Eigentlich müsste Max jetzt in der Tür erscheinen und wir uns gleich zum ersten Mal küssen. Noch mal klingeln. Wieder nichts. Vielleicht sind sie ja einkaufen oder so. Oder die Klingel ist kaputt, gehört habe ich jedenfalls nichts. Mal mit Klopfen probieren. Ich poche dreimal kräftig gegen die Tür. Sie öffnet sich einen schmalen Spalt breit. Sehr seltsam, wundere ich mich. Lässt man in München etwa die Haustüren immer offen? Ich klopfe noch mal und schiebe die Tür ein Stück weiter auf. *Hallo?*, rufe ich. *Jemand zu Hause?* Keine Antwort. Ich öffne die Tür ganz und gehe zwei Schritte hinein. Komisch, denke ich, so sah das aber auf den Fotos nicht aus. Da stehen ja gar keine Möbel, der Eingangsbereich ist völlig nackt. Vielleicht renovieren sie hier ja gerade? Ja, das könnte sein. Sie renovieren und sind unterwegs zum Baumarkt, um Farbe zu kaufen. Okay, dann warte ich eben, kann ja nicht so lange dauern. Ich schließe die Tür hinter mir und schaue mich um. Dahinten müsste die Küche sein, erinnere ich mich an die Fotos und schlendere in diese Richtung. Ein komisches Gefühl allein durch ein fremdes Haus zu laufen, man kommt sich irgendwie verboten vor, fast wie ein Einbrecher. Bin ich etwa ein Einbrecher? Technisch gesehen eigentlich nicht, oder? Die Tür war ja offen. Was bin ich dann? Ein Eindringling? Ja, das könnte hinkommen, und so in etwa fühle ich mich auch. Wenn hier jetzt plötzlich jemand von Max' Familie auftaucht, erschrickt er sich wahrscheinlich zu Tode. Ich klopfe vorsichtig an die Küchentür und warte ein paar Sekunden, bevor ich sie öffne. Mensch, das wird ja immer seltsamer hier. Die Küche ist auch vollkommen nackt. Nichts, kein Kühlschrank, kein Herd, kein Schrank, völlig leer. Meine Renovierungstheorie beginnt zu bröckeln. Wer räumt denn schon die Küche vollständig aus, wenn er sie nur mal neu streichen will? Ein sehr ungutes Gefühl kriecht meinen Nacken hinauf. Was, wenn hier gar niemand wohnt? Was, wenn Max mich die ganze Zeit über angelogen hat? Vielleicht heißt er noch nicht mal wirklich Max. Doch, heißt er, ich hatte schließlich ein paarmal seine Mutter am Telefon, die ihn dann gerufen hat. Fragt sich nur, wo ich wirklich angerufen habe, denn hier war es allem Anschein nach wohl nicht. Aber eine Münchner Telefonnummer war es schon. Was hat das alles bloß zu bedeuten? Ich betrete den nächsten Raum, das Wohnzimmer in meiner Erinnerung von den Fotos her. Wieder absolut nichts, gähnende Leere. Bis auf das riesige Seepferdchen dort vor der Wand, wo eigentlich der Fernseher sein müsste. Ein Seepferdchen? An Land? Das geht doch gar nicht, denke ich und reibe mir die Augen. Verflixt, es ist immer noch da! Es schwimmt in der Luft, so als ob das Zimmer mit Wasser gefüllt wäre. Ich gehe vorsichtig einen Schritt auf das Seepferdchen zu und hebe plötzlich vom Boden ab. Hey, was wird das denn jetzt? Das fühlt sich ja wirklich wie unter Wasser an. Aber ich kann ganz normal atmen. Langsam kapiere ich überhaupt nichts mehr. Hätte ich doch bloß auf Papa gehört. Der hat immer gesagt, dass bei den Bayern alles anders ist. Ich bewege mich mit einem kräftigen Schwimmzug auf das Seepferdchen zu. *Guten Tag!*, dringt mir ein dumpfer Ton entgegen, als ich ihm näher komme. Was denn, sprechen kann es auch noch? Das wird ja immer seltsamer. Aber gut, soll mir recht sein, dann kann ich es wenigstens fragen, was hier los ist. *Guten Tag!*, grüße ich zurück. *Wissen Sie zufällig, wo Max ist? Max Richter? Er müsste eigentlich hier wohnen.* Das Seepferdchen schüttelt den Kopf und mit ihm seinen ganzen Körper. *Nein*, sagt es. *Tut mir leid. Einen Max kenne ich nicht. Aber haben Sie vielleicht Conni gesehen? Sie hat mich verloren.* Conni hat das Seepferdchen verloren? Diese dumme Nuss. Sie hatte es doch gerade erst gekriegt. Hey, Moment mal, ich kenne überhaupt keine Conni! Woher weiß ich das? Keine Ahnung. *Nein*, antworte ich. *Conni habe ich leider nicht gesehen. Schade*, sagt das Seepferdchen. *Dann muss ich wohl weitersuchen. Auf Wiedersehen.* Es setzt sich langsam in Bewegung in Richtung Fenster. *Halt! Warten Sie!*, rufe ich und setze ihm mit einem kräftigen Zug hinterher. *Könnten Sie mich vielleicht mitnehmen? Ich kenne mich hier nämlich überhaupt nicht aus. Ich bin zum ersten Mal in Bayern, wissen Sie?* Das Seepferdchen bremst ab und lässt sich direkt unter mich sinken. *Aber gerne doch*, sagt es. *Steigen Sie auf. Vielleicht finden wir ja unterwegs auch Ihren Max.* Ja, das wäre klasse! Dann könnte ich ihm nämlich gleich die Meinung sagen, weil er mich angelogen hat, dieser Mistkerl! *Vielen Dank, sehr liebenswürdig!*, sage ich und lasse mich auf den Rücken des Seepferdchens gleiten. *Halten Sie sich gut fest!*, sagt es. *Ja, mach ich!*, antworte ich und schlinge beide Arme um seinen Hals. *Sind Sie bereit?*, fragt es. *Alles klar, kann losgehen!*, rufe ich und das Seepferdchen setzt sich in Bewegung. Es wird immer schneller und zischt direkt auf das Wohnzimmerfenster zu. Da kommen wir doch nie heil durch! Ich schließe meine Augen, das wird mir echt zu viel jetzt. Ich warte auf das Klirren der Scheibe, aber es kommt nicht. Wir werden nur schneller und schneller und schneller. *Verehrte Fahrgäste*, höre ich das Seepferdchen leise durch das Rauschen der Geschwindigkeit. *In wenigen Minuten erreichen wir unseren …*

»… nächster Halt: Wittenberg. Von dort aus haben Sie folgende Anschlussmöglichkeiten: Auf Gleis sechs …«

Was? Wie? Wittenberg? Was wollen wir denn hier? Ich dachte, wir suchen … Komisch, diese Stimme klingt gar nicht mehr wie das Seepferdchen. Und ich fühle mich auch nicht mehr so leicht wie im Wasser.

Ich öffne die Augen. Na, super. Das war alles nur ein Traum. Hätte ich mir eigentlich auch gleich denken können. Ein sprechendes Seepferdchen! Warum merkt man eigentlich im Traum nie, dass es ein Traum ist? Bei mir passieren im Traum so oft völlig abstruse Dinge, die niemals echt sein können, aber ich merke trotzdem nicht, dass ich gerade träume. So wie das Seepferdchen eben. Jetzt weiß ich natürlich auch, wo das herkam, von wegen Conni hat das Seepferdchen. Schon verrückt, manche Sachen verarbeite ich sofort im Traum und andere tauchen erst Wochen später auf, wenn ich sie eigentlich längst schon wieder vergessen habe. Warum ist das wohl so? Max träumt zum Beispiel überhaupt nicht, sagt er, was natürlich nicht stimmt, weil ja jeder träumt. Aber er kann sich nie an seine Träume erinnern so wie ich. Apropos Max! Der kann was erleben, wenn ich ihn heute Nachmittag sehe! Was fällt ihm eigentlich ein, nicht zu Hause zu sein, wenn ich vor seiner Tür stehe? Ich meine, da fahr ich den ganzen langen Weg nach München und das Haus ist einfach leer. Unverschämtheit! Oje, hoffentlich war das keine meiner Vorahnungen. Was, wenn er nachher wirklich nicht da ist? Aber nein, das war keine Vorahnung, das fühlte sich nicht an wie eine. Der andere Traum, der, in dem wir uns geküsst haben, der fühlte sich wie eine Vorahnung an, und zwar hundertprozentig. Und so wird es auch passieren, ganz bestimmt. Das eben war nur ein ganz normal verrückter Traum, der zählt nicht. Jedenfalls will ich das hoffen.

»Mama, umdrehen!«, schreit der Kleine neben mir plötzlich und ich zucke zusammen. »Kassette ist fertig!«

Die Mutter beugt sich zu ihm herüber und zieht die Kopfhörer aus seinen Ohren.

»Aber ich bin noch nicht fertig, Mama!«, beschwert sich der Kleine.

»Wir sind gleich da«, entgegnet seine Mutter und packt den Walkman in ihre Tasche. »Du kannst später bei Oma weiterhören.«

»Aber erst bin ich wieder dran!«, schaltet sich das Mädchen ein. »Conni geht nämlich zelten!«

»Geht die gar nicht!«, erwidert der Kleine. »Die ist viel zu doof zu zelten!«

»Selber doof! Du weißt doch nicht mal, was zelten ist!«

»Weiß ich wohl!«

»Weißt du gar nicht!«

»Ruhe jetzt, ihr zwei!«, fährt die Mutter dazwischen, während der Zug langsamer wird. »Wir sind da, packt euer Zeug zusammen. Bienchen, vergiss deine Jacke nicht. Sascha, gib mir das Zebra, ich stecke es in die Tasche.«

»Aber Zubu will nicht in die Tasche!«, protestiert der Kleine. »Da ist es immer so dunkel!«

»Jetzt geht das wieder los!«, stöhnt die Mutter. »Ich tu ihn ganz oben drauf, Sascha. Da ist es nicht dunkel.«

»Aber der Kopf muss ganz rausgucken!«, erklärt der Kleine und übergibt das Zebra mit skeptischer Miene. »Nicht nur ein bisschen! Ganz!«

»Jaja!«, stöhnt die Mutter und stopft das Zebra in die Tasche. »Habt ihr alles? Dann los jetzt!«

Der Zug kommt zum Stillstand, die Mutter steht auf und die Kinder rutschen von ihren Sitzen auf den Gang.

»Tschüss, Zubu!«, sage ich und winke dem aus der Tasche ragenden Kopf des Zebras zu.

»Sagt brav Tschüss zu dem Mädchen!«, befiehlt die Mutter und nimmt den Kleinen auf den Arm.

»Tschüss«, brummt das Mädchen und funkelt mich finster an.

»Tschüss, Mädchen!«, winkt der Kleine strahlend, und dann sind sie aus meinem Blickfeld verschwunden.

Ich stehe auf, zerre meinen Rucksack aus der Ablage und stelle ihn auf den Sitz neben mir, in der Hoffnung, dass sich da nun niemand mehr hinsetzen will. Ich krame eine Flasche Wasser heraus und nehme einen tiefen Zug. Also, von mir aus kann es ruhig so leer bleiben. Ich lehne mich zurück und schaue aus dem Fenster auf den Bahnsteig. Es sieht aus, als würden mehr Leute aus- als einsteigen, sehr gut. Nicht weit von meinem Fenster sehe ich ein Mädchen in die ausgebreiteten Arme ihres Freundes springen. Jetzt küssen sie sich und beide strahlen vor Wiedersehensfreude um die Wette. Muss klasse sein, so empfangen zu werden. Vielleicht hätte ich Max doch sagen sollen, dass ich komme. Dann könnte er mich so am Bahnhof empfangen. Eine schöne Vorstellung. Aber, nein, das wäre wohl nicht dasselbe. Bei uns wäre es ja keine Wiedersehensfreude, es wäre das erste

Treffen, und erste Treffen laufen wohl selten so überschwänglich ab. Schade, eigentlich. Die beiden da draußen küssen sich immer noch. Ist gut jetzt! Ich bin neidisch genug, ihr könnt damit aufhören! Mensch, ich will auch abgeholt und geküsst werden! Ob ich ihn anrufen soll? Er würde kommen, das weiß ich. Wahrscheinlich würden wir uns nicht stürmisch in die Arme fallen und abküssen, aber schön wäre es trotzdem. Ich nehme mein Handy aus der Außentasche des Rucksacks und schalte es ein. Eine neue Nachricht, aha, bestimmt von Max. Nein, von Papa. Er wünscht mir noch mal eine gute Fahrt und ich soll mich vor den Seppeln in Acht nehmen und er hat mich lieb. Ja, ist ja gut, Papa, weiß ich doch alles. Ich öffne meinen Nummernspeicher und gehe auf Max. Seine Nummer erscheint im Display. Soll ich nun oder soll ich nicht? Ich gucke auf die Uhr. Er müsste noch auf dem Flohmarkt sein, aber sein Handy hat er sowieso immer dabei. Ich schiebe meinen Daumen auf die Wählen-Taste. Soll ich wirklich? Ein Blick aus dem Fenster. Die Küssenden sind weg. Nein, ich lasse es. Die halbe Überraschung wäre futsch. Jetzt habe ich schon so lange stillgehalten, das bisschen schaffe ich auch noch. Und einen Kuss kriege ich ja sowieso laut meiner Vorahnung, nur eben ein bisschen später.

Ich lege das Handy auf dem Tisch ab und nehme noch einen Schluck Wasser aus der Flasche, als sich jemand auf den Sitz mir gegenüber schiebt und mir kurz zunickt, ohne auch nur den Hauch eines Lächelns auf den Lippen. Ich setze die Flasche ab und nicke ebenso ernst zurück. Was ist denn das für ein unhöflicher Typ? Normalerweise fragt man ja wohl erst mal, ob der Platz noch frei ist und so. Aber der sieht auch schon so aus, als hätte er es nicht nötig, höflich zu sein. Grauer Anzug, strahlend weißes Hemd, goldene Manschettenknöpfe, dunkle Krawatte

mit einem fetten Edelstein auf der Nadel, akkurater Kurzhaar-
schnitt, ebenfalls grau, schätzungsweise Mitte fünfzig. Seine
Schuhe kann ich zwar nicht sehen, aber es würde mich wun-
dern, wenn sie nicht mindestens so teuer waren wie die Krawat-
tennadel. Dieser Typ ist fest davon überzeugt, etwas Besseres zu
sein, das merkt man sofort, und genau darauf legt er es auch an.

Er legt einen Aktenkoffer rechts von sich auf den Tisch und
klappt ihn auf. Der Zug fährt an und der Koffer klappt zu, genau
auf seine rechte Hand. Ich unterdrücke ein Lachen, indem ich so
tue, als würde ich gähnen. Er klappt den Koffer wieder auf,
greift erneut hinein und bringt etwas Flaches, Viereckiges, in
Alufolie Gewickeltes zum Vorschein. Er entfernt die Alufolie penibel ordentlich, streicht sie glatt und legt sie neben sich auf den
Sitz. Das ausgewickelte Viereck platziert er auf dem Tisch. Ein
Bierdeckel? Ein ganz normaler, noch nicht mal neuer Bierdeckel?
Also, damit hätte ich wohl als Letztes gerechnet. Wer packt
denn einen Bierdeckel in Alufolie? Er greift wieder in den Koffer,
zieht eine Flasche Bier heraus und stellt sie auf den Deckel. Okay,
das macht Sinn, rein technisch gesehen zumindest. Was für ein
Bier ist das? Aha, ein stinknormales *Bit*, kleine Flasche. Der
nächste Griff in den Koffer bringt etwas zum Vorschein, was
allerdings alles andere als stinknormal ist. Was ist das? Es ist gol-
den und sieht aus wie … Ja, das ist es tatsächlich, ein goldener
Frauenkörper, ungefähr so lang wie seine Hand, nackt, gebeugt
und mit leicht gespreizten Beinen. Und die Augen der Frau bestehen aus winzigen Edelsteinen, jedenfalls funkeln sie so. Der
Typ setzt die goldene Nackte mit dem Hintern nach oben an der
Flasche an, zwinkert mir schmierig grinsend zu und drückt seine
Hand mit einem zischenden Klacken nach unten. Ich hab's geahnt, der Kerl ist pervers. Und zwar in jeder Hinsicht. Ich meine,

ein billiger Bierdeckel, ein billiges Bier und eine goldene Nackte als Flaschenöffner? Was soll das? Der tickt doch nicht mehr ganz richtig! Der hat doch locker so viel Geld, dass er sich in die erste Klasse fläzen und von vorne bis hinten bedienen lassen könnte. Stattdessen sitzt er hier, sagt kein Wort und zwinkert mir mit einer nackten Frau in der Hand anzüglich zu. Mit dem stimmt doch irgendwas nicht.

Er nippt an seinem Bier, stellt die Flasche penibel genau auf die Mitte des Bierdeckels, lehnt sich zurück und starrt mich an. Ich will nicht wissen, woran er gerade denkt. Ich bin mir sicher, es ist etwas ganz, ganz Ekliges und ich habe dabei nichts an. Warum muss ausgerechnet ich immer die Perversen abkriegen? Irgendwie scheine ich die anzuziehen, so wie in diesen Flirt-Chats, in denen ich eine ganze Weile lang unterwegs war. Da wurde ich immer wieder angeflüstert, zuerst supernett, dann ein bisschen vertraulicher und plötzlich aus dem Nichts heraus fing es an pervers zu werden. So wie der eine, der von mir allen Ernstes einen gebrauchten Slip haben wollte, per Post, portofrei, wenn möglich, da er vierundfünfzig und arbeitslos wäre. Ich dachte, ich spinne! Aber das war ja noch harmlos. Am heftigsten fand ich den Kerl, der mich so ganz nebenbei mal eben fragte, ob ich mir eventuell vorstellen könnte, seine Rohrbombe so lange zwischen zwei Luftballons zu reiben, bis sie explodiert, und genau in diesem Moment die Ballons durch festes Gegeneinanderdrücken zum Platzen zu bringen. Unfassbar, oder? Wie krank sind manche Leute eigentlich? Ich antwortete ihm, er solle sich gefälligst einen Luftballon über den Kopf ziehen und so lange einatmen, bis seine mickrige Rohrbombe implodiert, woraufhin er nur meinte, das hätte er schon probiert, es wäre aber nicht dasselbe, und wann ich denn vorbeikommen könnte, er würde in Frankfurt wohnen. Da fällt einem ja wohl überhaupt nichts mehr zu ein, oder? Ich bin dann auch sofort raus und habe das Chatten erst mal für ein paar Wochen komplett gelassen. Und als ich wieder anfing, habe ich Flirt-Chats grundsätzlich gemieden und mir einen neuen Chatnamen zugelegt, Wuchtbrumme, sozusagen als Abschreckung für alle, die nur im Netz unterwegs sind, um Frauen aufzureißen. Natürlich gab es auch den einen oder anderen, der mich gerade deshalb angeflüstert hat, weil ich mich Wuchtbrumme nannte, manche Typen stehen ja auf Dicke, aber im Großen und Ganzen hatte ich von da an die meiste Zeit meine Ruhe und vor allem keine Perversen mehr. Vorsichtig war ich aber immer noch, auch bei Max. Wir hatten uns zufällig in einem Chat getroffen, es ging gerade um Fernsehserien, und Max hatte mich angeflüstert, weil ihm da zu viele Idioten unterwegs waren. Wir haben sehr nett eine ganze Weile gequatscht und am Ende gab er mir dann seine E-Mail-Adresse und sagte, ich könnte mich ja mal melden. Sein Chatname war Cartman, womit ich erst mal gar nichts anfangen konnte, bis Katja mir sagte, das wäre ein sehr fetter Junge aus der Zeichentrickserie *Southpark*. Aha, fett, dachte ich sofort. Deswegen hat er mich angeflüstert, er denkt, ich bin auch fett, und will mich nur anmachen. Also habe ich mich erst mal nicht bei ihm gemeldet, über eine Woche lang nicht. Aber ich musste im Lauf dieser Woche immer wieder an ihn denken, meistens an irgendwelche witzigen Sachen, die er gesagt hatte, und dann lachte ich plötzlich und Katja guckte jedes Mal so, als hätte ich sie nicht mehr alle. Und irgendwann saß ich am Computer und habe ihm spontan doch noch gemailt. Zum Glück, sonst würde ich jetzt nicht hier sitzen.

Wobei Glück im Augenblick nicht das Gefühl ist, das ich empfinde. Dieser Widerling starrt mich immer noch an. Jetzt glotzt er auch noch ganz offensichtlich auf meine Brüste. Vergiss es, da kommst du nie ran, du Sau, die sind nicht für dich bestimmt. Er schiebt sich eine Hand in die Hosentasche. Der wird doch wohl nicht … Wenn ich da auch nur eine Bewegung sehe, raste ich aus. Er glotzt immer noch auf meine Brüste. Da, und jetzt bewegt sich auch seine Hosentasche. Bäh, mir wird gleich schlecht. Was mache ich denn jetzt bloß? Ob ich einfach einmal kurz unter dem Tisch zutrete? Oder soll ich einen Schaffner rufen? Nein, dieser Widerling würde wahrscheinlich alles abstreiten und einen auf seriös und dicke Brieftasche machen, das bringt nichts. Aber was dann? Genau, ich hab's! Das müsste funktionieren!

»Hey!«, rufe ich so laut, dass es die anderen Passagiere um mich herum auch hören können, und schaue den Widerling herausfordernd an. »Wenn ich mein Top ausziehe, versprechen Sie mir dann zum Onanieren auf die Toilette zu gehen? Dann sauen Sie sich auch nicht gleich die Hose ein!«

Die meisten der umliegenden Köpfe drehen sich neugierig in seine Richtung. Der Typ wird knallrot, stammelt ganz leise etwas Unverständliches und versucht unauffällig die Hand aus der Tasche zu ziehen, was ihm aber nicht gleich gelingt.

»Nein!«, mache ich noch lauter weiter. »Ich werde Ihnen dabei weder das Händchen noch sonst was halten! Auch nicht für hundert Euro! Aber vielleicht ist eine der anderen Damen hier bereit, Ihnen bei dieser Angelegenheit behilflich zu sein. Fragen Sie doch mal rum!«

Das hat gesessen. Wenn er noch röter wird, kriegen seine Haare auch mal wieder wieder eine Farbe. Er steht hektisch auf, schnappt sich seinen Aktenkoffer vor den Schritt und stolpert in gebückter Haltung auf den Gang, von wo aus er sofort unter den angeekelten Blicken und Pfuirufen der Umsitzenden die Flucht ergreift.

Na also, den bin ich los, war eigentlich ganz leicht. Manchmal muss man Sachen, die einen stören, einfach nur laut genug aussprechen und sie erledigen sich von allein.

Ich lehne mich zufrieden zurück und will gerade die Augen schließen, als ich sehe, wie sich eine junge Frau vom Tisch gegenüber erhebt und zu mir herüberkommt.

»Gute Methode«, lächelt sie mich an. »Muss ich mir merken.«

»Ja«, lächle ich zurück. »Ich wusste nicht, wie ich den sonst loswerden sollte.«

»Hat doch prima funktioniert«, sagt sie. »Hast du was dagegen, wenn ich mich ein bisschen zu dir setze? Da drüben sterbe ich nämlich vor Langeweile.«

Sie nickt zu ihrem Tisch, an dem sonst nur eine lesende alte Dame sitzt.

»Klar, kein Problem«, sage ich zwinkernd. »Solange du mir nicht auf die Brüste starrst.«

»Das wird wohl nicht nötig sein«, zwinkert sie zurück. »Ich hab ja selbst zwei.«

Zwischen Augsburg und Nürnberg, 9:55

> < Cartman: hallo viola!
>
> **< Wuchtbrumme: und wieder daneben ... ;-) hi max!**
>
> < Cartman: verdammt! jetzt hab ich nur noch einen, der muss es dann aber sein! sonst nenne ich dich in zukunft einfach volvo!
>
> **< Wuchtbrumme: volvo? ich habe aber noch nicht mal den führerschein ... ;-)**
>
> < Cartman: ich aber bald, bin gerade dabei! und mein fahrschulauto ist ein volvo ...;-)
>
> **< Wuchtbrumme: ich will aber nicht wie ein auto heißen ... ☺**
>
> < Cartman: musst du auch nicht, falls dein name valerie ist ...?
>
> **< Wuchtbrumme: der kandidat hat 100 punkte!!!**

Valerie. Mein allerletzter Strohhalm. Natürlich hätte ich sie nicht wirklich Volvo genannt, dieser Gag kam spontan. Aber dadurch habe ich so ganz nebenbei ja erfahren, wie alt sie ist, oder besser, wie alt sie zu diesem Zeitpunkt noch nicht war, nämlich achtzehn, da sie keinen Führerschein hatte. Somit konnte ich meine erste Schätzung auf zwischen fünfzehn und siebzehn eingrenzen. Wobei ich vom Gefühl her mittlerweile eher von siebzehn als von fünfzehn ausging.

Ich überlegte natürlich sofort, welche Assoziationen der Name Valerie in mir hervorrief. Kannte ich eine Valerie? Nein, sonst wäre ich auch eher draufgekommen. Aber irgendetwas sagte mir dieser Name. Fernsehen? Genau! Es hatte irgendetwas mit Fernsehen zu tun. Eine Schauspielerin? Nein, mir fiel keine Schauspielerin namens Valerie Soundso ein. Eine Serie? Ja, genau das war es, ich kannte den Namen als Rolle aus irgendeiner Fernsehserie. Aber welche? Ich ging die Charaktere meiner Lieblingsserien durch. Nein, da war keine Valerie dabei. Aber es war ganz eindeutig eine Serie, das wusste ich. Und plötzlich fiel es mir ein. Die blöde Lindenstraße, natürlich! Das habe ich manchmal sonntags vor dem Abendbrot aus lauter Langeweile mit meiner Mutter zusammen geguckt, die hat sich, glaube ich, jede Folge dieser Rentner-Soap reingezogen. Und da gab es mal ein fettes Mädchen namens Valerie, das die ganze Zeit Walze genannt wurde. Eine 52 Kilo leichte Walze namens Valerie? Irgendwie passte das immer noch nicht zusammen, ich konnte mir nach wie vor kein klares Bild davon machen, wie sie wohl aussehen könnte. Aber das würde ich schon noch rauskriegen, schwor ich mir.

< Cartman: der kandidat hatte verdammt viel glück ... ;-)
    hallo valerie! ☺ ☺ ☺

< **Wuchtbrumme: hi max!** ☺ ☺ ☺

< Cartman: ein schöner name, übrigens! hätte ich auch
    eher draufkommen können.

> < **Wuchtbrumme: schöner als volvo auf jeden fall ... ;-)**
>
> < Cartman: wäre dir volkswagen lieber gewesen? ;-)
>
> < **Wuchtbrumme: wenn schon auto, dann verrari ... ;-)))**
>
> < Cartman: ☺ ☺ ☺
> ich habe mir übrigens die letzte 24-folge noch
> mal angeguckt. bauer hat tatsächlich zu kim
> gesagt, dass man die hand wahrscheinlich retten
> kann, du hattest recht!!!
>
> < **Wuchtbrumme: klar hatte ich recht, ich habe nämlich**
> **immer recht, gewöhn dich dran ... ;-)**

Von wegen, gewöhn dich dran! Sie hat nämlich ganz und gar nicht immer Recht. Sie hat zum Beispiel vorgestern noch gesagt, dass wir uns auf keinen Fall in Berlin zum ersten Mal sehen werden. Natürlich wusste ich da längst, dass ich heute zu ihr fahre, und konnte mit voller Überzeugung widersprechen. Ansonsten hat sie allerdings wirklich ziemlich oft Recht. Vor allem, wenn es um irgendwelche Namen von Schauspielern oder Musikern geht, da ist sie mir um Längen voraus, obwohl ich eigentlich immer dachte, sehr gut darin zu sein.

Aber wenigstens heute werde ich derjenige sein, der Recht hatte und darauf freue ich mich noch zusätzlich den ganzen Tag.

Der Chat war wieder sehr lustig, zumindest am Anfang, bis zu dem Punkt, an dem sie sagte ... Wo war das, muss weiter unten stehen, ja, da ist es. Genau, es ging gerade um Partys und Erfahrungen mit Alkohol.

> < **Wuchtbrumme: nach hause bin ich noch ganz gut**
> **gekommen, aber als ich im bett lag, war's vorbei.**
> **und als ich schnell zum klo rennen wollte, hab**
> **ich es nicht mehr geschafft und den ganzen flur**
> **eingesaut. und mein vater hat das natürlich**
> **mitgekriegt und war stinksauer.**
>
> < Cartman: und deine mutter? was hat die gesagt?
>
> < **Wuchtbrumme: gar nichts. meine mutter ist gestorben**
> **als ich 11 war.**

Oh Shit! Damit hatte ich natürlich nicht gerechnet. Ich hatte nur nach der Reaktion der Mutter gefragt, weil meine immer viel schlimmer ausrastet als mein Vater, wenn ich betrunken nach Hause komme. Das konnte ich nun wirklich nicht ahnen. Irgendwie geht man immer automatisch davon aus, dass alle eine Mutter haben. Klar, viele Mütter sind vielleicht geschieden und leben woanders, das kennt man ja zu Genüge, aber sie leben eben und sind nicht gleich tot. Ich versuchte mir vorzustellen, wie es wäre, wenn meine Mutter tot wäre, aber es ging nicht. Meine Mutter war immer da, vollkommen unmöglich sich vorzustellen, dass es auf einmal nicht mehr so sein könnte. Aber genau das hatte Valerie erlebt, und es tat mir verdammt leid, sie daran erinnert zu haben, auch wenn es natürlich keine Absicht war. Und ich hatte absolut keine Ahnung, wie ich darauf reagieren sollte. Was sagt man zu einem Mädchen, dessen Mutter gestorben ist? Etwas üblich Tröstendes? Herzliches Beileid oder so? Nein, das kam mir zu banal, zu oberflächlich vor. Aber was sonst? Ich war sprachlos.

> < **Wuchtbrumme: hallo? bist du noch da?**
>
> < Cartman: ja. weiß nur gerade nicht, was ich sagen soll.
>
> < **Wuchtbrumme: wegen meiner mutter?**
>
> < Cartman: ja.
>
> < **Wuchtbrumme: schon ok. musst nichts sagen. ist jetzt sechs jahre her. damals war es natürlich hart, weil es auch so plötzlich kam, aber heute fange ich nicht mehr gleich zu heulen an, wenn es um meine mutter geht. klingt jetzt härter, als es ist, aber ich habe mich sozusagen dran gewöhnt.**

Auf diese Art wollte ich eigentlich nicht herausfinden, wie alt sie ist; ein Ratespiel wie mit ihrem Namen wäre mir wesentlich lieber gewesen. Trotzdem wusste ich jetzt, dass meine Schätzung korrekt gewesen war und damit war ich auf folgendem Wissensstand: Valerie, siebzehn, 52 Kilo und eine tote Mutter, was mich nicht so schnell losließ. Ich war sehr froh über ihre Reaktion auf meine Sprachlosigkeit und wie sie mit dieser für mich beklemmenden Situation umging, aber einfach so fallen lassen konnte ich dieses Thema irgendwie auch wieder nicht, dazu hatte es mich zu sehr aus der Bahn geworfen.

> < Cartman: was ist denn passiert? weil du sagst plötzlich … musst aber nicht antworten.
>
> < **Wuchtbrumme: ein unfall. sie war mit dem rad unterwegs und ein autofahrer hat sie nicht gesehen, weil er viel zu schnell war. sie war sofort tot.**

< Cartman: wann hast du es erfahren?

< **Wuchtbrumme: 2 stunden später ungefähr. da haben 2 polizisten bei uns geklingelt und als sie weg waren hat mein vater es mir gesagt.**

< Cartman: das stelle ich mir ganz schrecklich vor.
☹ ☹ ☹

< **Wuchtbrumme: war es auch. er hat natürlich versucht sich zusammenzureißen und es mir ganz schonend beizubringen, so in die richtung, sie wäre nur ganz fest eingeschlafen und wir würden sie für eine lange zeit nicht sehen, aber ich habe irgendwie sofort gewusst, was los ist. und am ende war sogar ich es, die ihn trösten musste. es hat monate gedauert, bis er wieder einigermaßen o.k. war.**

< Cartman: und du?

< **Wuchtbrumme: na ja, da mein vater so fertig war, musste ich mich um vieles kümmern, haushalt und so weiter, dadurch war ich abgelenkt und bin wohl eher damit zurechtgekommen als er.**

< Cartman: wie, haushalt? ganz allein? du warst doch erst 11, oder?

< **Wuchtbrumme: nein, meine tante hat uns ganz viel geholfen. aber die konnte auch nicht immer da sein, hat selbst familie. und wenn sie nicht da war, habe ich eben viel gemacht.**

< Cartman: und was war mit deinen großeltern? haben die nicht geholfen?

< **Wuchtbrumme: die? und wie die geholfen haben! die wollten meinem vater sofort das sorgerecht für mich abnehmen und mich zu sich nach bremen holen. haben sie aber dann doch nicht geschafft, die arschlöcher! sorry, musste jetzt einfach sein, rege mich immer noch total auf, wenn ich an die denke!**

< Cartman: kein problem, kann ich absolut nachvollziehen! meine großeltern sind zum glück okay, die würden so was nie machen.

< **Wuchtbrumme: meine andere oma ist auch o.k., aber die wohnt in dresden und hat's mit der hüfte, deswegen konnte sie nicht viel helfen.**

< Cartman: aber heute ist dein vater wieder in ordnung?

< **Wuchtbrumme: ja, wie gesagt, es hat ein paar monate gedauert, aber dann ging's wieder. und seitdem kümmert er sich so sehr um mich, dass es mir manchmal schon zu viel wird ... ;-)**

< Cartman: verstehe ... ;-) hat er denn keine neue frau oder freundin?

< **Wuchtbrumme: ich wünschte, es wäre so! versuche schon die ganze zeit ihn zu verkuppeln. habs gerade neulich wieder probiert, mit meiner deutschlehrerin. er ist sogar mit ihr essen gegangen, weil ich so genervt habe, aber als er zurückkam, meinte er nur, er könne nicht mit einer frau zusammen sein, die jede erbse einzeln mit der gabel aufspießt. er findet jedes mal irgendwelche blöden kleinigkeiten, die ihn stören. das macht mich noch mal wahnsinnig!**

> < Cartman: besser wählerisch als wahllos ... ;-)))
>
> **< Wuchtbrumme: stimmt natürlich ... ;-) aber man**
> **kann's auch übertreiben! bist du etwa auch so**
> **übertrieben wählerisch?**

Ha! Und wieder etwas, womit sie nicht Recht hatte! Das ist der Beweis, sie hat angefangen! Sie hat gerade vorgestern behauptet, ich hätte unseren ersten Flirt ausgelöst, von wegen! Da steht es ganz klar, sie hat mich gefragt, ob ich wählerisch bin, und so fing das nämlich an, dadurch kamen wir überhaupt erst auf das Thema.

> < Cartman: nein. das einzige, was eine frau nicht sein
> darf, ist so wie meine ex ... ;-)
>
> **< Wuchtbrumme: und das wäre?**
>
> < Cartman: egoistisch, verlogen, krankhaft eifersüchtig,
> skrupellos, eiskalt verletzend.
>
> **< Wuchtbrumme: klingt nach einer sehr schlechten**
> **erfahrung** ☹
>
> < Cartman: ist zum glück lange vorbei und ich muss sie
> nie wiedersehen, da sie jetzt in amerika lebt.
>
> **< Wuchtbrumme: wenigstens etwas. meinen letzten ex**
> **sehe ich jeden tag in der schule, das nervt!**
>
> < Cartman: den letzten? wie viele exe hast du denn?
>
> **< Wuchtbrumme: gute frage, mal nachrechnen. 5,**
> **nein 6, aber keinen länger als 3 monate, waren**
> **alles idioten im nachhinein. und du?**
>
> < Cartman: ich bin im nachhinein kein idiot ... ;-)

**< Wuchtbrumme: was zu beweisen wäre ... ;-) los,
raus damit, wie viele exen hast du?**

< Cartman: nur die eine.

< Wuchtbrumme: ja, ja ... ;-)

< Cartman: doch, ehrlich!

< Wuchtbrumme: wie alt bist du?

< Cartman: 18

< Wuchtbrumme: und erst eine freundin?

< Cartman: bin eben ein spätzünder ... ;-)

< Wuchtbrumme: oder extrem hässlich ... ;-)

< Cartman: hab ich eigentlich schon meinen buckel,
das warzenproblem und die zweite nase auf der
stirn erwähnt?

**< Wuchtbrumme: nein hast du nicht! macht aber nichts,
dafür sitzen meine ohren direkt am hals und
zwar beide links und meine haare sind mit
edding aufgemalt ... ;-)**

< Cartman: cool! wir zwei wären quasi ein traumpaar ...
☺ ☺

< Wuchtbrumme: stimmt! willst du mich heiraten?

< Cartman: nur wenn du dir eine dritte brust machen
lässt!

< Wuchtbrumme: aber ich hab doch schon vier!

< Cartman: auch eine am rücken???

< Wuchtbrumme: nein, nur an den schultern ... ☹

< Cartman: tja, dann wird das wohl leider nichts mit uns,
sorry ... ☹

> **< Wuchtbrumme: ich hab's geahnt, ich bin dir nicht hässlich genug! warum sind bloß alle männer immer so oberflächlich?** ☹ ☹ ☹
>
> < Cartman: hey, war doch nicht so gemeint, nicht traurig sein! es kann eben nicht jeder so hässlich sein wie ich, das ist eine gabe ... ;-)
>
> **< Wuchtbrumme: angeber! wahrscheinlich bist du gar nicht so hässlich! kannst mir ja viel erzählen! ich will beweise sehen! schick mir ein foto!**
>
> < Cartman: geht leider nicht. die nasa hat es immer noch nicht geschafft, eine kamera zu entwickeln, die beim versuch mich zu fotografieren weder explodiert noch schmilzt.
>
> **< Wuchtbrumme: mich wollte mal einer malen, der wurde noch vor dem ersten strich von seinem pinsel attackiert und lag dann zwei jahre im koma!**
>
> < Cartman: ☺ ☺ ☺
>
> **< Wuchtbrumme: aber jetzt mal**

Ich zucke leicht erschrocken zusammen, da sich die Tür plötzlich und mit einer solchen Wucht aufschiebt, dass sie am Anschlag laut knallt.

»Musst du dich immer so anstellen?«, zischt Saskia dem hinter ihr hereinkommenden Wölfchen zu. »Peinlich!«

»Die Alte hat mir fast den Kehlkopf eingedrückt!«, zischt Wölfchen zurück und fuchtelt an der Krawatte herum, die nun seinen Hals umschlingt. »Das hat echt wehgetan! Und das sitzt immer noch viel zu eng hier!«

»Finger weg!«, Saskia patscht ihm auf die Hand. »Das muss so sein, ist genau richtig!«

»Ich krieg aber kaum Luft!«, wehrt sich Wölfchen und betrachtet sich in den spiegelnden Scheiben der Tür. »Und außerdem sieht das total scheiße aus!«

Das stimmt allerdings. Das Hemd und die Krawatte passen nicht zum Rest, dass man es schreien hören kann. Er sieht total verkleidet aus, nein, zwangsangezogen, was ja auch stimmt. Das kauft ihm Saskias Vater höchstens ab, wenn er heute Morgen blind aufgewacht ist.

»Quatsch!«, sagt Saskia und dreht Wölfchen an den Schultern zu sich um. »Das sieht schick aus! Warte!«

Sie fingert an der Krawatte herum, schiebt den Knoten gerade und streicht mit der flachen Hand ein paarmal darüber.

»So!«, sagt sie und dreht Wölfchen wieder den Scheiben zu. »Jetzt ist es perfekt!«

»Ja«, seufzt Wölfchen. »Perfekt beschissen. Oder?«

Sein Blick fällt fragend auf mich. Oh nein, lass mich da raus, Wölfchen. Wenn ich die Wahrheit sage, wird alles nur schlimmer. Und ich habe keine Lust, Ärger mit Saskia zu kriegen.

»Ist doch okay«, sage ich und zucke mit den Schultern.

»Na, siehst du!«, bricht Saskia in ein zufriedenes Grinsen aus. »Da hast du's, es sieht klasse aus!«

»Na gut«, seufzt Wölfchen erneut und setzt sich. »Wenn ihr meint, von mir aus.«

»Du brauchst dich gar nicht mehr zu setzen«, sagt Saskia, schnappt sich ihre Tüten und hangelt nach einer Reisetasche in der Ablage. »Wir sind gleich da. Los, hilf mir doch mal! Ich komm da nicht dran, das siehst du doch!«

»Jaja, komm ja schon!«, stöhnt Wölfchen und erhebt sich wieder. »Jetzt mach doch nicht so 'ne Hektik! Wir haben noch über fünf Minuten!«

»Ich weiß! Aber wir müssen ans andere Ende des Zugs!«

»Wieso? Wir können doch auch hier aussteigen.«

»Nein, können wir nicht!«, erwidert Saskia und wird etwas kleinlaut. »Ich habe meinen Eltern gesagt, wir fahren 1. Klasse.«

»Ach so, jetzt fahren wir sogar schon 1. Klasse! Und wie kommen wir zu der Ehre?«

»Du fährst immer 1. Klasse«, sagt Saskia und wird noch leiser. »Und du hast mich natürlich eingeladen, weil dir für mich nichts gut genug ist.«

»So, habe ich das? Und wie habe ich das bitte schön finanziert? Mit meinem üppigen Lehrlingsgehalt von der Bank? Weißt du überhaupt, wie wenig man da verdient, selbst im letzten Lehrjahr?«

»Klar, weiß ich das«, entgegnet Saskia. »Aber das ist egal, du hast schließlich reiche Eltern.«

»Auch das noch«, stöhnt Wölfchen, während er die Tasche aus der Ablage hievt. »Saskia, mein Vater hat einen Kiosk! Und meine Mutter arbeitet halbtags im Kindergarten!«

»Kinder, ja. Garten, nein«, sagt Saskia und versucht zu lächeln. »Deine Mutter arbeitet ehrenamtlich fürs Kinderhilfswerk und organisiert Benefizveranstaltungen. Und dein Vater ist natürlich Industrieller. Ihr produziert Gartenmöbel und seid auf dem Weg Marktführer zu werden.«

»Gartenmöbel, aha«, sagt Wölfchen skeptisch. »Aber Huber heißen wir schon noch?«

»Natürlich«, nickt Saskia. »Aber es wird Französisch aus-

gesprochen. Dein Vater stammt aus Luxemburg, alter Geld-
adel, dort ist auch euer Firmensitz.«

»Übär?«

»Etwas länger auf der zweiten Silbe. Übäär.«

»Übäär«, wiederholt Wölfchen langsam. »Aber Französisch muss ich ja wohl nicht plötzlich auch noch können,
oder?«

»Nein, keine Sorge«, winkt Saskia ab. »Du bist hier aufge-
wachsen.«

»Na, dann bin ich ja beruhigt. Und das ist wirklich alles
dein Ernst? Damit kommen wir doch nie im Leben durch,
Saskia. Diese ganzen Einzelheiten kann ich mir unmöglich so
schnell merken. Bestimmt habe ich schon wieder die Hälfte
vergessen, bis wir aussteigen.«

»Ach, Quatsch, das klappt schon«, sagt Saskia und öffnet
die Schiebetür. »Komm, wir müssen los! Ich erklär dir alles
auf dem Weg nach hinten noch mal.«

»Okay«, seufzt Wölfchen, schultert die Reisetasche und
hebt seine Hand in meine Richtung. »Tschüss! Gute Fahrt
noch!«

»Ja, euch auch«, sage ich und grinse. »Au revoir!«

»Kommst du endlich?«, zischt Saskia von draußen.

»Ja, bin ja schon da!«, brummt Wölfchen und zieht die
Tür hinter sich zu.

Eigentlich müsste ich ihnen ja hinterhergehen, denke ich
für einen kurzen Moment. Mit etwas Abstand natürlich. Ich
würde zu gerne diesen Vater mal sehen, und sein Gesicht,
wenn er Wölfchen aus dem Zug steigen sieht. Aber ich kann
schlecht meine Sachen hier unbeaufsichtigt lassen, schon gar
nicht den Laptop. Und alles mitschleppen? Nein, zu faul. Au-

ßerdem fängt mein Magen gerade an zu knurren, höchste Zeit, etwas zu essen.

Ich lege den Laptop auf den Sitz neben mir und krame das viel zu teure Brötchen vom Bahnhof aus der Tasche.

Zwischen Leipzig und Naumburg, 10:31

»Das war in Madrid, da war ich vor Berlin und nach Paris. Nein, stimmt gar nicht, nach Paris war ich noch in Wien, dann erst Madrid.«

»Du kommst ja ganz schön rum.«

»Interrail macht's möglich. Haben mir meine Eltern zum bestandenen Vordiplom spendiert. Das wollte ich schon immer mal machen, und ich hab mir gedacht, wenn nicht jetzt, wann sonst? Wenn ich erst mal mit dem Studium fertig bin, werde ich sowieso keine Zeit mehr dafür haben.«

»Und es macht dir nichts aus, einen ganzen Monat ganz allein unterwegs zu sein? Ich meine, ich stelle mir das schon klasse vor, so kreuz und quer durch die Gegend zu reisen. Aber allein wäre mir das auf Dauer bestimmt zu einsam.«

»Nein, überhaupt nicht! Ich lerne doch ständig Leute kennen, so wie dich jetzt. Außerdem habe ich ein paar Anlaufadressen, gerade hier in Deutschland. Urlaubsbekanntschaften, Verwandte, ein paar Leutchen, die ich aus dem Internet kenne, ich bin so gut wie nie allein.«

Was mich überhaupt nicht wundert, denn sie ist total sympathisch.

Jane aus Österreich, das klingt schon irgendwie sehr nett, finde ich. Sie ist 22 und studiert irgendwas mit Psychologie oder Soziologie, habe nicht verstanden, was genau. Bei ihr würde ich mich jedenfalls gerne auf die Couch legen, sollte ich es mal nötig haben, was ich nicht hoffen will.

Und sie hat Erfahrungen mit Bekanntschaften aus dem Netz, sehr interessant, da muss ich doch gleich mal nachhaken.

»Du kennst Leute aus dem Internet?«, frage ich.

»Ja, ein paar. Wieso?«

»Hast du die im Chat kennengelernt?«

»Am Anfang habe ich ziemlich viel gechattet, aber da kam nie was Gescheites bei raus. In den Chats sind zu viele Blender. Ich bin jetzt seit über einem Jahr in verschiedenen Kontaktforen, da läuft das viel besser. Das funktioniert über Kontaktanzeigen, da gibt man ein Profil ein und kann so schon mal eine gute Vorauswahl treffen.«

»Blender?«

»Na ja, du weißt schon. Kerle, die eh nur auf das eine aus sind und dir den Buckel voll lügen und wenn du sie dann triffst, sind sie genau das Gegenteil von dem, was du erwartet hast.«

Na, prima. Das macht ja Mut. Was wäre denn das Gegenteil von meinem Max, wie ich ihn erwarte? Ach, was, gar nicht drüber nachdenken. Max ist kein Blender, das hätte ich längst gemerkt. Max ist genau das Gegenteil von einem Blender. Wie heißt das Gegenteil von Blender? Verdunkler? Nein, das klingt ja noch mieser. Egal, Max ist jedenfalls kein Blender, und das ist die Hauptsache.

»Ist dir das schon oft passiert?«, frage ich.

»Ja, viel zu oft!«, stöhnt Jane. »Du glaubst gar nicht, wie viele Kerle sich im Internet als Prinzen beschreiben und beim ersten Treffen dann als Kröten herausstellen! Und damit meine ich nicht nur unbedingt das Aussehen.«

Mein Kerl nicht, Max ist keine Kröte. Aber auch kein Prinz,

und das ist verdammt gut so. Wer will denn schon einen Prinzen? Prinzen sind langweilig und eingebildet. Ich wollte auch nie eine Prinzessin sein, nicht mal als kleines Mädchen. Als Prinzessin musste man immer schick sein und aufpassen, dass die Klamotten nicht dreckig werden und so weiter, das war nichts für mich. Ich habe viel lieber mit den Jungs aus der Nachbarschaft Pirat gespielt und habe es sogar einen Sommer lang zur Anführerin gebracht. Aber dann fingen meine Brüste an zu wachsen und die Jungs verhielten sich immer komischer mir gegenüber und vorbei war es mit dem Piratenleben. Meine Brüste kamen sehr früh und ich hatte das Gefühl, sie wuchsen täglich und würden nie mehr damit aufhören. Was habe ich diese Dinger verflucht zu dieser Zeit. Zum Glück hörten sie doch noch rechtzeitig auf, größer zu werden. Heute bin ich ganz froh über meine Oberweite, es sei denn, mir sitzt ein Perverser gegenüber, der sie anstarrt, natürlich.

»Am besten war noch der eine!«, lacht Jane. »Das muss ich dir erzählen! Wir hatten gerade Fotos ausgetauscht und der Kerl auf dem Bild sah saugut aus. Und dann hat er mir auch noch tausend Komplimente zu meinem Foto gemacht, ich war hin und weg. Und als sich dann herausstellte, dass er nicht weit weg wohnte, habe ich natürlich ein Treffen vorgeschlagen. Er hat zuerst ein bisschen rumgedruckst, er hätte wenig Zeit und so weiter, aber irgendwann habe ich ihn dann festgenagelt und bin hingefahren. Ich sollte direkt zu ihm kommen, er würde für uns kochen, das war an einem Samstag. Ich also hin, die Tür geht auf und vor mir steht ein 14-jähriges Pickelgesicht und bittet mich rein. Ich dachte, okay, das wird sein kleiner Bruder sein, und ihm hinterher. Er führte mich in ein superspießiges Wohnzimmer mit gedecktem Esstisch und meinte, ich solle mich setzen. Ich mich also hingesetzt, der Knirps in der Küche verschwunden. Keine zwei Minuten später kommt er wieder, zwei Schüsseln in der Hand, die eine mit Pommes, die andere voller Fischstäbchen. Pommes und Fischstäbchen! Ich dachte, ich seh nicht recht! Aber, okay, habe ich mir gesagt, das ist der kleine Bruder, der heute mal Koch und Kellner spielen darf, oder so, hat ja auch was Niedliches. Aber dann setzt sich der Knirps doch tatsächlich auf den Stuhl gegenüber und sagt zu mir *Greif zu, Liebste!* Kannst du dir mein Gesicht vorstellen in dem Augenblick? Ich dachte echt, ich sterbe gleich. Bin ich dann auch beinahe. Der Schock hielt etwa drei Sekunden, dann musste ich so was von lachen, dass ich fast daran erstickt wäre. Der Knirps war natürlich fix und fertig und hat sofort angefangen zu heulen, aber ich konnte einfach nicht anders. Wie sich dann später herausstellte, war der Kerl auf dem Foto tatsächlich sein großer Bruder, aber der wohnte erstens nicht mehr zu Hause und war zweitens stockschwul. Und der Knirps hatte sich nur auf ein Treffen eingelassen, weil seine Eltern übers Wochenende weg waren. Und er hatte allen Ernstes darauf gehofft, mich ins Bett zu kriegen, mit Pommes und Fischstäbchen! Das werde ich nie vergessen!«

»Ja, das glaube ich! Hammer-Geschichte!«, lächle ich sie an, obwohl mir auf einmal das Lachen ein bisschen vergangen ist.

Ein falsches Foto? Nein, das würde Max nicht machen. Oder? Nein, ich habe ja mehrere Fotos von ihm, das kann nicht sein. Obwohl, rein theoretisch, machbar wäre das schon, vielleicht ein guter Freund oder so. Verdammt, jetzt hat mich diese Geschichte doch echt stutzig gemacht. Ich will aber nicht stutzig sein! Ich will daran glauben, dass alles in Ordnung ist und Max kein mieser Foto-Blender, der sich als Kröte herausstellt. Und ich habe ja auch fest daran geglaubt, bevor diese blöde Österreicherin ihre blöde Geschichte erzählt hat. Nein, sie ist natürlich nicht blöd, ich finde sie immer noch sehr sympathisch. Aber hätte sie nicht irgendeine andere Geschichte erzählen können? Eine ohne falsches Foto? Dann wäre ich jetzt nicht auf einmal so verunsichert. Mist.

Ich krame meinen kleinen Kalender aus dem Rucksack und ziehe mein Lieblingsfoto von Max heraus, das, auf dem er vor einem Baum hockt und so unwiderstehlich lächelt.

»Glaubst du, das ist echt?«, frage ich und reiche Jane das Foto.

»Wer ist das? Jemand aus dem Internet?«, fragt sie zurück und betrachtet es.

»Ja«, antworte ich. »Das ist Max. Zumindest will ich das mal schwer hoffen!«

»Sieht schnucklig aus.«

»Finde ich auch. Wenn er's denn wirklich ist.«

»Hast du denn einen Grund daran zu zweifeln?«

»Na ja, nach deiner Geschichte eben, man weiß ja nie.«

»Oh, sorry, ich wollte dich nicht verunsichern, das tut mir jetzt aber echt leid!«

»Schon okay. Ich weiß ja auch nicht, normalerweise lasse ich mich nicht so leicht verunsichern. Liegt wahrscheinlich daran, dass ich gerade auf dem Weg zu ihm bin. Und die Vorstellung dort etwas Ähnliches wie Pommes und Fischstäbchen anzutreffen, macht mir doch auf einmal ein bisschen Angst.«

»Du wirst ihn heute zum ersten Mal treffen?«

»Ja«, nicke ich. »Aber er weiß nichts davon, ich will ihn überraschen.«

»Oje, und dann komme ausgerechnet ich mit meiner Negativ-Story. Weißt du was? Am besten vergisst du das wieder ganz schnell! Ich habe diese Geschichte nie erzählt. Und es gibt auch jede Menge Gegenbeispiele, wo es gut gelaufen ist, extrem gut sogar! Gerade jetzt, als ich in Berlin war, zum Beispiel. Genau, das erzähle ich dir jetzt, und dann hast du Pommes und Fischstäbchen sofort wieder vergessen. Also pass auf, das war so: Ich kannte diesen Kerl, Udo, schon seit zwei Jahren aus dem Netz, ich glaube, sogar aus irgendeinem Chat. Wir haben uns regelmäßig gemailt, so ungefähr zweimal im Monat. Ich war jetzt nicht irgendwie verknallt in ihn oder so, es hat einfach Spaß gemacht mit ihm zu mailen. Fotos haben wir nie ausgetauscht, das wollte er nicht, weil das nicht wirklich wichtig wäre, hat er gesagt. Ich dachte, okay, wahrscheinlich ist er hässlich wie die Nacht, aber egal, das war ja wirklich nicht wichtig, mailen kann man ja auch so. Seine Adresse hatte er mir aber gegeben, weil ich ihm letzte Weihnachten eine Kleinigkeit schicken wollte, und es war ja auch nie geplant, dass wir uns mal treffen oder so. Aber jetzt war ich ja sowieso in Berlin meine Tante besuchen, und ich hatte seine Adresse zufällig dabei, also bin ich einfach mal hingegangen. Ein bisschen mulmig war mir schon, als ich da vor der Haustür stand. Ich meine, laut seinen Mails war er 28 und Single, aber da kann man sich eben nie sicher sein. Hätte ja auch sein können, er ist 46, verheiratet, hat drei Kinder und läuft im Netz besseren Zeiten hinterher. Na ja, wie gesagt, so ganz wohl habe ich mich nicht gefühlt, als ich da stand. Aber, okay, habe ich gedacht, jetzt bist du schon mal hier. Ich also auf die Klingel gedrückt und gewartet. Altbau, vierstöckig, elektrischer Türöffner, kein Ton aus der Gegensprechanlage. Ich rein und die Treppe hoch. Erster Stock nichts, zweiter auch nicht, im dritten stand eine Tür halb offen. Ich natürlich draußen stehen geblieben und erst mal Hallo gerufen. Die Tür geht ganz auf und dieses Prachtstück von einem Kerl steht vor mir. Ich meine, das war echt der Wahnsinn, so quasi Brad Pitt in Schwarzhaarig. Er mich etwas verwirrt angestarrt, verständlich, hatte eigentlich den Pizzaboten erwartet und ich ja keine Pizza unterm Arm oder so. Ich mich zusammengerissen, war immer noch halb weg von diesem Anblick, und ihn erst mal gefragt, ob er der Udo wäre. Man kann ja nie wissen, ich sag nur Pommes und Fischstäbchen. Er jedenfalls Ja, er wäre der Udo, und ich ihm dann gesagt, wer ich bin. Er total überrascht, klar, aber freudig überrascht, zum Glück. Hat mich auch gleich reingebeten und eine Flasche Wein aufgemacht. Und keine halbe Stunde später war das Bett bereits zerwühlt und ich im siebten Sex-Himmel. Du siehst also, du musst dir jetzt echt keine großen Sorgen machen, es gibt auch gute Kerle im Internet und deiner ist ganz bestimmt einer!«

Na toll. Max ist also ein Typ, der mich nach einem Glas Wein sofort ins Bett zieht, oder wie? Danke, so einen will ich nicht.

»Ich weiß nicht«, sage ich zögerlich. »Ich stehe eigentlich nicht so auf die schnelle Sex-Nummer, ist absolut nicht mein Ding.«

»Nein, musst du ja auch nicht!«, winkt sie ab. »Das wollte ich damit nicht sagen! Ich wollte dir bloß zeigen, dass es nicht nur negative Überraschungen mit Bekanntschaften aus dem Netz gibt, damit du aufhörst, dir Sorgen zu machen, dass dir dein Kerl – hab den Namen schon wieder vergessen – ein falsches Foto geschickt hat. Wobei ich Spontan-Sex eigentlich nur empfehlen kann, tut verdammt gut so ab und zu, solltest du vielleicht mal probieren bei Gelegenheit.«

Nein, sollte ich mit Sicherheit nicht. Wobei ich es jetzt nicht schlimm finde, wenn andere das tun, das ist schon okay, jeder, wie er mag.

»Max«, sage ich. »Er heißt Max. Und eigentlich glaube ich auch gar nicht, dass das Foto falsch ist. Ich war nur kurz ein bisschen verunsichert, geht schon wieder.«

Genau. Ich habe ihm schließlich die ganze Zeit vertraut, warum sollte ich gerade jetzt damit aufhören, wo wir uns zum ersten Mal sehen werden? Aber wehe das Foto ist wirklich falsch! Dann kann er was erleben! Und das soll er auch wissen!

Ich schnappe mir mein Handy und fange an zu tippen.

»An ihn?«, fragt Jane.

»Ja«, antworte ich ohne vom Display aufzublicken. »Nur zur Sicherheit.«

Ich schicke die SMS ab und lege das Handy zurück auf den Tisch.

Jane öffnet ihren Rucksack und zieht eine Tupperdose hervor. Sie öffnet das Ding, nimmt ein belegtes Brötchen heraus und beißt herzhaft hinein.

»Ich hab noch nicht gefrühstückt«, nuschelt sie kauend und schiebt sich ein an ihrer Unterlippe heraushängendes Blatt Salat mit dem Finger in den Mund.

Ich auch nicht, fällt mir auf, als mein Magen bei Janes Anblick leise anfängt zu rumpeln.

»Mal beißen?«, fragt Jane und streckt mir das angebissene Brötchen entgegen.

Wie jetzt? Hat sie etwa meinen Magen gehört? So laut war das aber echt nicht, hoffe ich zumindest.

»Nein, danke«, winke ich höflich ab. »Ich hab selbst was dabei.«

Ich öffne den Reißverschluss an der Fronttasche meines Rucksacks, fasse hinein und greife ins Leere. Was? Kann doch gar nicht sein! Meine Hand tastet das komplette Fach ab und findet immer noch keinen Halt. Vielleicht im Seitenfach? Auch nichts. Aber ich weiß doch ganz genau, dass ich mir heute Morgen zwei Brote für die Fahrt geschmiert habe! Und die habe ich dann mit einer Banane und einem Apfel und einem Müsliriegel in eine Tüte gepackt und … auf dem Kühlschrank liegen lassen, als ich die Wasserflasche rausgenommen habe.

»So ein Mist aber auch!«, fluche ich und ziehe ärgerlich den Reißverschluss wieder zu. »Ich bin aber manchmal auch echt zu dämlich!«

»Futter vergessen?«, fragt Jane.

»Zu Hause auf dem Kühlschrank«, seufze ich.

»Mach dir nichts draus. Ich lasse auch ständig irgendwas liegen. Hier, kannst du gerne haben.«

Sie hält mir das mittlerweile zur Hälfte aufgegessene Brötchen vor die Nase.

Ich versuche zu erkennen, was da außer Salat noch drauf ist, sieht nach Käse aus und riecht auch so. Igitt, ich hasse Käse.

»Nein, danke, schon okay!«, lehne ich ab. »Ich hol mir gleich selbst was.«

»Ach, komm, ist doch viel zu teuer hier!«, erwidert sie. »Nimm ruhig, ich hab noch eins! Oder willst du lieber das? Kein Problem, kannst du gerne haben, hier!«

Sie hält mir das andere Brötchen entgegen, es ist ebenfalls mit Salat und Käse belegt. Mist, wie komme ich da jetzt am besten raus? Will ja nicht unhöflich sein, wo sie so nett ist.

»Danke, ist echt nicht nötig!«, sage ich. »Iss du das mal. Ich habe gerade einen tierischen Heißhunger auf was Süßes. Ich hol mir gleich …«

Mein über den Tisch vibrierendes Handy unterbricht mich ratternd. Eine SMS, das muss Max sein. Oje, hoffentlich ist er nicht sauer, war vielleicht doch etwas zu hart, was ich geschrieben habe.

»Und?«, fragt Jane, während ich das SMS-Menü öffne. »Was schreibt er?«

»Ist gar nicht von ihm«, stelle ich erstaunt und gleichzeitig enttäuscht fest. »Ist nur von meinem Vater. Ja, super! Er schreibt, dass ich meinen Proviant auf dem Kühlschrank vergessen habe. Danke, Papa! Das hab ich auch schon gemerkt. Ha, ha! Er schreibt, ich soll mir unbedingt was im Zug kaufen, bei den Seppeln gäbe es nur eklige Wurst zum Lutschen! Mein Vater hat eine Bayern-Allergie, musst du wissen.«

»Dabei ist Weißwurst so lecker«, grinst Jane. »Hast du schon mal eine probiert?«

»Warte, Augenblick, bin gleich fertig«, sage ich, während ich Papa antworte, er solle sich keine Sorgen machen, ich würde schon nicht verhungern.

»So, wie war die Frage?«, wende ich mich wieder Jane zu, als ich fertig bin. »Ob ich schon mal Weißwurst gegessen habe? Nein, noch nie.«

»Musst du unbedingt probieren, wenn du jetzt da unten bist! Dein Kerl kann dir bestimmt zeigen, wie's richtig gemacht wird.«

Ja, vorausgesetzt *mein Kerl* redet überhaupt noch mit mir. Verflixt, ich hätte diese SMS nicht schreiben sollen! Bestimmt ist er eingeschnappt. Dabei war es überhaupt nicht so ernst gemeint. Mist, ich hätte einen Smiley dahintersetzen sollen, hab ich aber nicht. Aber vielleicht hat er sie ja noch gar nicht gelesen. Er ist doch auf dem Flohmarkt mit seiner Mutter, vielleicht ist sein Handy ja ausgeschaltet und er guckt erst später nach neuen Nachrichten. Am besten ich schicke ihm sofort eine hinterher, dass er die erste nicht ernst nehmen soll.

Ich will gerade das Handy greifen, als es wieder anfängt zu vibrieren. Bestimmt noch mal Papa. Nein, es ist Max! Ich öffne die SMS.

»Ja«, sage ich grinsend, als ich sie gelesen habe. »Und zwar früher, als du denkst!«

»Wie bitte?«, fragt Jane.

»Ach, nichts«, lächle ich sie an. »Hab nur gerade laut gedacht. Die kam von Max.«

»Alles in Ordnung?«

»Ja, alles klar.«

Zum Glück. Er ist nicht sauer. Ein bisschen verwirrt, verständlicherweise, aber nicht sauer.

»So«, sage ich und lege das Handy wieder weg. »Sorry für die Unterbrechung. Wo waren wir? Irgendwas mit Essen, oder?«

»Genau«, nickt Jane. »Weißwurst. Musst dir von Max zeigen lassen, wie man sie isst. Echt superlecker!«

»Aber die werden nicht wirklich gelutscht, oder?«

»Doch, so ähnlich«, lacht Jane. »Weißwürste werden gezuzelt.«

»Gezuzelt? Hab ich ja noch nie gehört. Wie geht das denn?«

»Das ist so, wie … Nein, anders! Genau! Stell dir vor, du würdest eine Banane ohne Zähne essen. So ähnlich geht Zuzeln.«

Ich stelle mir tatsächlich vor, wie es wäre eine Banane ohne Zähne zu essen und mache die entsprechenden Bewegungen mit meinem Mund.

»So etwa?«, frage ich mit gespitzten Lippen.

»Ja, genau so!«, lacht Jane laut auf. »Nur gut, dass du den Perversen vorhin vertrieben hast! Dem würde jetzt wahrscheinlich gleich die Hose platzen!«

Ich brauche einen klitzekleinen Moment, bis ich verstehe, was sie meint, und als mir klar wird, wie ich gerade aussehe, fange ich ebenfalls an laut zu lachen.

»Ich glaube«, presse ich nach Atem ringend zwischen mein Lachen. »Das hätte der nicht überlebt!«

»Niemals!«, wischt sich Jane Tränen aus den Augen. »Wie auch, ohne einen Tropfen Blut im Hirn!«

Es dauert eine ganze Weile, bis wir uns wieder einigermaßen beruhigen können. Die Leute um uns herum starren uns alle an, wobei die meisten von uns angesteckt wurden und breit grinsen oder uns zuschmunzeln.

Als ich endlich völlig leer gelacht bin, meldet sich grummelnd mein Magen wieder. Stimmt, da war doch noch was, ich habe Hunger.

»Ich gehe dann mal und hole mir was Süßes«, sage ich und stehe auf. »Soll ich dir was mitbringen? Was zu trinken, vielleicht?«

»Nein, danke«, winkt Jane ab. »Ich bin bestens versorgt.«

»Wirfst du solange einen Blick auf mein Zeug?«

»Klar, kein Problem«, nickt Jane und fängt wieder an zu kichern. »Und wenn du den Perversen unterwegs triffst, führ ihm doch mal kurz vor, wie man Weißwurst zuzelt!«

»Mach ich!«, zwinkere ich ihr zu. »Vielleicht gibt's hier ja auch Bananen zu kaufen. Bis gleich!«

»Ja, bis gleich!«, zwinkert Jane grinsend zurück.

Zu zweit macht so eine Zugfahrt doch wesentlich mehr Spaß, denke ich, als ich loslaufe. Ist das überhaupt die richtige Richtung? Wo ist der Speisewagen noch mal gleich? Vorne oder hinten? Nein, stimmt schon, hier bin ich richtig. In welche Richtung ist eigentlich der Perverse vorhin abgehauen? Ich habe nämlich nicht wirklich Lust, auf diesen Widerling zu treffen.

Nürnberg, 10:34

So, fertig. Das Brötchen war okay, aber Hunger habe ich immer noch. Ich wische mir den Mund ab und stopfe die Serviette in den kleinen Mülleimer am Fenster. Einen Blick nach draußen werfend versuche ich Wölfchen und Co. zu erspähen, kann aber nicht so weit nach vorne gucken, dass ich eine Chance hätte, sie zu sehen.

Ich schnappe mir meinen Laptop wieder auf den Schoß. So, wo war ich? Ach ja, Foto.

> < Wuchtbrumme: mich wollte mal einer malen, der wurde noch vor dem ersten strich von seinem pinsel attackiert und lag dann zwei jahre im koma!
>
> < Cartman: ☺ ☺ ☺
>
> < Wuchtbrumme: aber jetzt mal im ernst. würdest du mir ein foto schicken? ich finde es immer schöner ein gesicht zum chat zu haben.
>
> < Cartman: okay, moment, schicke es jetzt gleich an deine mail-addi...

Hihi, das weiß ich noch genau. Ich habe ihr ein Bild vom nackten Zeichentrick-Cartman geschickt, auf dem er noch bescheuerter und fetter aussieht als sonst schon. Und es hat eine Ewigkeit gedauert, in der sie sich nicht gemeldet hat, jedenfalls kam es mir so vor.

< Cartman: hallo? du bist jetzt aber nicht vor schreck ohnmächtig geworden? ... ;-)

< Wuchtbrumme: ich warte noch!

< Cartman: müsste längst da sein!

< Wuchtbrumme: kommt gerade, moment!

< Cartman: ich hoffe, du sitzt ... ;-)

< Wuchtbrumme: ha! ich hab's geahnt! du bist in wirklichkeit ein hässliches kleines fettes mädchen!

< Cartman: mädchen ???

< Wuchtbrumme: du hast brüste und nichts zwischen den beinen ... ;-)

< Cartman: natürlich ist da was zwischen den beinen! musst nur genau hingucken!

< Wuchtbrumme: sorry, habe gerade kein mikroskop hier ... ;-) und jetzt schick mir bitte ein echtes foto, du pappnase!

< Cartman: nur, wenn ich auch eins von dir kriege!

< Wuchtbrumme: das ist erpressung!

< Cartman: ich weiß ... ;-) ich schlage hiermit einen zeitgleichen austausch der geheimen dokumente um exakt 14:32 uhr vor!

< Wuchtbrumme: aber das ist schon in zwei minuten! so schnell kann ich keins raussuchen!

> < Cartman: beide parteien einigen sich auf eine übergabe
> um exakt 14.35 uhr. und keine polizei!
>
> **< Wuchtbrumme: ok, verstanden, bis gleich!** ☺ ☺ ☺

Ich wusste sofort, welches Bild ich ihr schicken würde. Es gibt
nicht viele Fotos, auf denen ich mir selbst gefalle, und das
einzig wirklich vorzeigbare war eins, wo ich im Englischen
Garten an einen Baum gelehnt sitze. Ich suchte es schnell
heraus und bereitete die Mail vor. Das Ganze dauerte keine
Minute, und als ich auf die Uhr schaute, war es 14:31 Uhr.
Die folgenden vier Minuten verbrachte ich damit, nervös auf
meiner Tastatur herumzutrommeln und mir vorzustellen,
wie sie denn nun aussehen könnte. Aber ich hatte immer
noch absolut kein Gesicht vor mir, nur die 52 Kilo, die sich
auf eine 17-jährige Valerie verteilten. Valerie. Fiel mir dazu
vielleicht noch etwas ein? Welche Haarfarbe hat eine Valerie?
Blond? Nein, blond passt nicht zu Valerie. Schwarz auch
nicht. Valerie klingt irgendwie … braun, ja, braune Haare,
das würde passen. Wie lang? Schon länger, über die Schulter
auf jeden Fall. Augenfarbe? Keine Ahnung, darauf habe ich
noch nie geachtet, zumindest nicht bewusst. Welche Augenfarbe hatte meine Ex eigentlich? Stimmt, die waren blau, ein
frostiges Blau. Welche Augenfarbe passt zu braunen Haaren?
Grün, oder? Ja, grün wäre schön.

Diese Spekulationen brachten mich natürlich nicht wirklich weiter und ich wartete ungeduldig auf jede neue Ziffer,
die an der Uhr meines Computers auftauchte.

Als dann endlich die erlösende 14:35 erschien, klickte ich
sofort auf »Senden« und schickte mein Foto ab. Und sofort

begann wieder das Warten, diesmal allerdings noch fieser, da es ja keinen bestimmten Zeitpunkt gab, auf den ich hinwarten konnte. Trotzdem starrte ich immer noch gebannt auf die Uhr. 14:37, Übermittlung abgeschlossen, nichts gekommen. 14:38, wieder nichts. Ich dachte schon, sie hat mich verarscht, und wollte mich gerade beschweren, als dann endlich doch etwas kam. Gespannt öffnete ich das Foto. Und war mit einem Schlag verliebt. Na ja, verliebt ist vielleicht ein ganz klein wenig übertrieben, aber umgehauen hat mich ihr Anblick sofort. Damit hatte ich nun wirklich nicht gerechnet.

Das Foto zeigte Valerie auf der Lehne einer Bank sitzend, die Füße auf der Sitzfläche. Links und rechts von ihr saßen Leute, aber von denen waren nur Arme und Beine zu sehen, die Valerie quasi umrahmten. Im Hintergrund war ein graues Gebäude mit vielen Fenstern, eine Schule, vermutete ich, was auch stimmte, wie sie mir später bestätigte. Und ich hatte richtig getippt, ihre Haare waren tatsächlich braun! Sie waren zu einem Zopf gebunden, was es mir unmöglich machte, zu erkennen, wie lang sie wohl sein könnten. Aber das war auch alles andere als wichtig.

Wichtig war nur ihr wunderschönes Gesicht und ihr mehr als bezauberndes Lächeln, das direkt in die Kamera und mir mitten ins Herz strahlte.

Es fiel mir sehr schwer, mich von diesem Lächeln loszureißen und den Rest zu betrachten. Nein, eine Wuchtbrumme war sie nun wirklich nicht. Wobei sie jetzt auch nicht dürr war oder so. Ihre 52 Kilo saßen für meine Begriffe alle perfekt verteilt genau an den richtigen Stellen. Es war schwer auszumachen, wie groß sie wohl sein könnte, da sie ja saß, aber sie schien mir eher kleiner als zu groß zu sein. Wieder zurück zu diesem Lächeln und diesem einzigartig schönen Gesicht, das mich einfach nicht loslassen wollte.

Ich weiß nicht, wie lange ich das Foto betrachtete, ich hatte jedes Gefühl für Zeit verloren, aber es müssen schon einige Minuten gewesen sein, als sie mich selbst von ihrem Lächeln wegriss.

> **< Wuchtbrumme: hallo? alles in ordnung bei dir, oder muss ich den notarzt rufen?**
>
> < Cartman: könnte nicht schaden ... ;-) hättest mich ruhig mal vorwarnen können!!!
>
> **< Wuchtbrumme: so schlimm???**
>
> < Cartman: nein, genau das gegenteil ... ;-)
>
> **< Wuchtbrumme: oh!**
>
> < Cartman: genau das war auch meine erste reaktion! ☺☺☺
>
> **< Wuchtbrumme: das ist sehr lieb, danke schön!!! ☺☺☺**
>
> < Cartman: ich habe zu danken ... ;-)
>
> **< Wuchtbrumme: und?**
>
> < Cartman: wie, und?
>
> **< Wuchtbrumme: willst du gar nicht wissen, was ich zu deinem foto zu sagen habe?**
>
> < Cartman: nur, wenn es etwas gutes ist ... ;-)
>
> **< Wuchtbrumme: oje, dann wird's schwierig, ich war nämlich leider sehr enttäuscht!**
>
> < Cartman: das ist allerdings alles andere als gut ... ☹☹☹

> < **Wuchtbrumme: sehr enttäuscht, weil du nicht gleich mehr fotos geschickt hast, nachdem mir das eine schon so außergewöhnlich gut gefallen hat ... ;-)))**

> < Cartman: wenn du so weiter machst, brauche ich echt gleich einen notarzt! hat dir eigentlich schon mal jemand gesagt, dass du verdammt fies sein kannst? ... ;-)))

> < **Wuchtbrumme: fies, ich? kann gar nicht sein ... ;-) mist! mein vater will dringend an den computer. sorry, muss hier abbrechen ☹☹☹! wenn du magst, schreib mir doch bitte eine mail, les ich dann heute abend! und häng noch ein paar fotos dran, würde mich sehr freuen ... ☺☺☺ tschüss!**

Und weg war sie. Mein Herz konnte sich nicht entscheiden, ob es noch schneller oder ganz aufhören sollte zu schlagen. Als sie meinte, sie wäre enttäuscht, kam es mir tatsächlich so vor, als hätte es kurz ausgesetzt. Aber als sie dann sagte, mein Foto hätte ihr außergewöhnlich gut gefallen, schien es kreuz und quer durch meinen Brustkorb zu hüpfen. Ich war fix und alle, so etwas hatte ich noch nie erlebt, jedenfalls nicht im Internet.

Reiß dich zusammen, redete ich mir ein. Du kennst dieses Mädchen überhaupt nicht. Du kannst gar nichts für sie empfinden, das ist Blödsinn. Aber dann sah ich mir wieder das Foto an und mein Herz schlug sofort einen Tick schneller, was Herzen für gewöhnlich nicht tun, wenn sie nichts empfinden.

Die restliche Zeit, bis ich zu meinem Spiel musste, verbrachte ich damit, Valerie eine Mail zu schreiben, an die ich zwei Fotos hängte, die ich für gerade noch passabel hielt. Als ich dann abends zurückkam, feuerte ich nur meine Sporttasche in die Ecke und warf sofort den Computer an. Es dauerte eine Ewigkeit, bis er hochgefahren war, mindestens doppelt so lang wie sonst, zumindest empfand ich es so. Aber das war nichts gegen das Warten, das mich daraufhin den restlichen Abend lang quälte, denn sie hatte mir noch nicht geantwortet. Ich konnte mich auf nichts anderes als dieses Warten konzentrieren. Selbst mein Abendessen verputzte ich vor dem Computer, wobei es natürlich kalt wurde, weil ich alle zwei Minuten auf »Senden/Empfangen« klicken und bewegungslos den Monitor anstarren musste, nur um erneut festzustellen, dass ich keine neuen Nachrichten hatte. Dann, ich weiß noch genau, es war 21:47 Uhr, kam endlich eine Mail von ihr. Sie war noch länger als meine, und es hingen sogar drei Fotos an, und eines war bezaubernder als das andere. Mein Gott, dachte ich die ganze Zeit, wie kann nur ein einzelnes Mädchen so bezaubernd schön sein? Als ich die Fotos ein paar Tage später Holger, meinem besten Spezi, zeigte, relativierte sich diese Sichtweise allerdings. Er zuckte nur kurz mit den Schultern und sagte: »Ja, schaut ganz nett aus.« *Ganz nett?* Ich dachte, ich höre nicht richtig. War Holger etwa über Nacht blind geworden? Ich wurde richtig sauer, weil er damit nicht nur Valerie, sondern auch mich quasi beleidigt hatte, meinen Frauengeschmack, besser gesagt. Aber dann dachte ich, hey, was soll's, das ist eigentlich gar nicht so schlecht. Es genügt doch vollkommen, wenn ich sie superschön finde, dann habe ich das ganz für mich allein, und das war ein Weltklassegefühl.

Jedenfalls mailte ich ihr an diesem Abend natürlich gleich zurück, und von da an schrieben wir uns für die nächsten zwei Wochen mindestens dreimal täglich. Und unsere Mails wurden Schritt für Schritt immer persönlicher und vertrauter, bis es schließlich, na ja, wie soll ich es ausdrücken, bis es irgendwann sogar anfing körperlich zu werden. Und damit meine ich jetzt keinen Schweinkram, das war nichts Sexuelles, absolut nicht. Aber wir kamen uns quasi näher, wenn auch nur mit Worten. Ich weiß noch genau, in welcher Mail das anfing. Das war kurz vor Ende der zweiten Woche. Wo hab ich die noch mal gleich? Genau, da ist …

Die sich öffnende Schiebetür lässt meinen Cursor, kurz bevor ich die Mail anklicken kann, erstarren.

Ein männlicher, blonder Kopf schiebt sich ins Abteil und schaut sich um.

»Sind die alle noch frei?«, wendet er sich an mich und zeigt auf die leeren Sitze.

»Ja«, nicke ich.

»Sehr gut!«, strahlt er und zieht seinen Kopf zurück nach draußen. »Männer!«, höre ich ihn rufen und sehr laut durch die Zähne pfeifen. »Hierher! Und Vorsicht mit dem Baby!«

Ein Baby? Das bedeutet jede Menge Geschrei. Na, fantastisch.

Ich wollte früher auch immer so pfeifen können, fällt mir ein. Hab's aber nie hingekriegt, obwohl es mir tausendmal gezeigt wurde. Ich glaube, meine Zähne sind einfach nicht pfeiftauglich. Oder meine Lippen, wahrscheinlich beides zusammen.

Der Blonde betritt das Abteil, hievt einen Rucksack in die Ablage und lässt sich mir gegenüber auf den Sitz fallen. Kurz darauf folgt ein etwas pummeliger Typ in einem grünen Football-Trikot, der ebenfalls einen Rucksack trägt und sich ohne ihn abzusetzen schwerfällig neben den Blonden plumpsen lässt.

»Wo bleibt denn Ralle schon wieder?«, fragt der Blonde.

»Is noch kurz pissen«, antwortet der andere und wischt sich Schweiß von der Stirn.

»Und das Baby?«

»Hat er mit reingenommen, keine Sorge.«

Hm, drei Männer und ein Baby? Gab's da nicht mal einen Film? Sehr seltsam. Vielleicht sind sie ja schwul? Eine kleine schwule Familie, gibt's ja, so was. Allerdings sehen diese zwei hier nicht unbedingt schwul aus. Wobei, das hat ja nichts zu sagen. Mein Onkel ist schwul und der sieht überhaupt nicht so aus. Ich meine jetzt irgendwie tuntig oder so, gar nicht. Aber ein Baby hat der jetzt auch nicht. Wie gesagt, sehr seltsam.

»Hey, Ralle, hier!«, ruft der Blonde, als draußen jemand am Abteil vorbeiläuft.

»Ihr hätte ja ruhig mal warten können!«, betritt der dritte Typ das Abteil. Er trägt ebenfalls ein Football-Trikot, allerdings ein blaues.

»Ralle!«, ruft der Blonde ihm panisch entgegen. »Wo ist das Baby?«

Gute Frage. Der Typ hat nämlich wie die anderen beiden nichts außer einem stinknormalen Rucksack dabei, und ich will jetzt mal nicht davon ausgehen, dass er das Baby da reingestopft hat.

»Oh, Scheiße!«, stöhnt Ralle auf und klatscht sich die flache Hand an die Stirn. »Das hab ich auf'm Klo vergessen!«

»Was?«, entgegnet der Blonde völlig entgeistert. »Das glaub ich ja wohl jetzt echt nicht! Du lässt unser Baby einfach so auf dem Lokus liegen? Ey, langsam krieg ich echt zu viel! Wie bescheuert bist du eigentlich?«

Oh, mein Handy klingelt. Eine SMS. Muss das ausgerechnet jetzt sein? Ich will doch wissen, was es mit diesem Baby auf sich hat.

»Ist ja gut, ich hol's ja schon, sorry«, sagt Ralle, wirft seinen Rucksack auf einen Sitz und stürzt aus dem Abteil.

Sehr schön, mach langsam, Zeit die SMS zu lesen. Hey, die ist ja von Valerie! Ich öffne und lese sie.

»Ey, hab ich's dir nicht gesagt, Günni?«, wendet sich der Blonde unterdessen an den Pummeligen. »Hab ich nicht gesagt, das hat keinen Taug? Hab ich nicht gesagt, *du* sollst es nehmen?«

Wie bitte? Was soll das denn auf einmal?

»Ja, das hast du, Guido«, stöhnt Günni. »Reg dich ab, ist doch halb so wild, er holt's ja.«

wenn du nicht der auf den fotos bist, reiße ich dir den kopf ab!!!

»Halb so wild?«, erwidert Guido. »Ey, schon vergessen? Wir haben schon im Saarland eins verloren, weil der Idiot es auf dem Bahnsteig vergessen hat!«

Wo kommt denn das jetzt plötzlich her? Sie hat noch nie bezweifelt, dass ich derjenige auf den Fotos bin. Warum auch?

»Ja, weil du unbedingt schnell hinter diesen Tussis einsteigen wolltest.«

»Ey, war ich für das Baby zuständig oder Ralle? Außerdem waren das ja wohl zwei echte Sahneschnittchen!«

Sehr seltsam. Vielleicht hat sie irgendwas im Fernsehen gesehen, das sie verunsichert hat.

»Ja, genau«, verdreht Günni die Augen und befreit sich von seinem Rucksack, indem er nach vorne auf die Knie sinkt. »Sahneschnittchen mit so krass fetten Ärschen, dass sie nicht nebeneinander auf eine Bank gepasst haben.«

Aber diesen Zweifel werde ich ja nachher selbst aus dem Weg räumen. Trotzdem muss ich ihr natürlich schnell antworten, der Gedanke, dass sie an mir zweifelt, gefällt mir nämlich überhaupt nicht.

»Na, das sagt ja der Richtige«, grölt Guido. »Egal, jedenfalls werde ich mich ab jetzt um die Babys kümmern.«

keine sorge! wirst dich selbst überzeugen können, wenn wir uns hoffentlich bald endlich mal sehen!!!

Ja, das sollte reichen.

»Von mir aus«, ächzt Günni, während er seinen Rucksack auf die Ablage hievt. »Aber dann motz hinterher auch nicht rum, weil's dir zu schwer ist.«

Okay, zurück zu den Jungs hier. Noch mal ganz langsam und zum Mitschreiben bitte, ich kapiere nämlich gerade überhaupt nichts mehr. Die haben ein Baby im Saarland auf dem Bahnhof liegen lassen? Und Ralle hat eins auf dem Klo vergessen? Wie viele Babys sind denn hier so eigentlich im Umlauf? Sammeln die etwa Babys, oder was? Eins steht jedenfalls fest, schwul sind die nicht. Babyhändler! Genau, das ist es. Diese Typen verchecken Babys. Sie haben irgendwo eine geheime Babyfarm aufgemacht und verticken die Dinger jetzt im Internet, Lieferung bei Barzahlung frei Haus. Und wenn man das jeden Tag macht, kann man auch schon mal so ein Baby auf der Toilette vergessen, sind ja nicht sonderlich

groß. Nein, das ist nun wirklich zu weit hergeholt. Babyhändler würden nie mit dem Zug fahren und nicht in grell-
bunten Football-Trikots rumlaufen, viel zu auffällig. Außerdem heißen Babyhändler bestimmt nicht Guido, Günni oder
gar Ralle, das passt irgendwie nicht. Also, keine Babyhändler.
Aber was hat es dann mit den ganzen Babys auf sich? Kapier
ich einfach nicht. Oh, ich habe die SMS noch gar nicht abge-
schickt! Ich drücke die Taste und stecke mein Handy wieder
ein.

»Alles in Ordnung!«, höre ich Ralle noch draußen auf dem
Gang rufen, kurz bevor er mit etwas Schwarzem und Rund-
lichem im Arm wieder das Abteil betritt. »Dem Baby geht es
gut!«

Okay, jetzt kapiere ich es. Und ich kann nicht anders, als
breit zu grinsen. Was Ralle dort wie ein Baby im Arm wiegt,
ist ein Fass Bier, ein Fässchen, besser gesagt, sieht nach 10 Li-
tern aus.

»Dein Glück!«, sagt Guido. »Los, her damit! Und ab jetzt
kümmere ich mich um die Babys, klar?«

»Okay, okay!«, stöhnt Ralle und lässt das Fässchen vorsichtig, als wäre es wirklich ein Baby, in Guidos Arme gleiten,
der es auf dem kleinen Tisch am Fenster abstellt.

»Günni, Skalpell!«, bellt er im Befehlston den Pummeligen an.

»Kommt sofort!«, pariert der, steht auf, zieht einen höl-
zernen Zapfhahn und einen kleinen Gummihammer aus der
Seitentasche seines Rucksacks und reicht sie Guido.

»Bereit für die Operation?«, grinst der Blonde, während er
den Zapfhahn ansetzt. »Dann wollen wir den Patienten mal
öffnen. Ralle, wo bleiben die Gefäße?«

»Schon dabei«, antwortet Ralle und bringt eine angebrochene Packung Plastikbecher zum Vorschein.

Günni reißt sie ihm aus der Hand und platziert drei Becher unter dem Zapfhahn.

»Achtung, volle Deckung!«, sagt Guido und sieht kurz zu mir. »Mach das Teil lieber zu. Ich kann für nichts garantieren.«

Stimmt, besser ist das wohl. Ich klappe meinen Laptop zu und lege ihn auf den Sitz neben mir.

Guido holt mit dem Hammer aus und lässt ihn auf den Zapfhahn krachen, trifft allerdings nicht richtig und das Fass rutscht auf dem Tisch zur Seite.

»Warte!«, sage ich, erhebe mich und drücke das Fass mit beiden Händen von oben auf den Tisch. »So, probier's jetzt noch mal.«

Und wieder kracht der Hammer auf den Zapfhahn, der diesmal ein Stück im Fass verschwindet. Noch ein Schlag und noch einer, und der Hahn sitzt fest, genau dort, wo er hingehört.

»Danke, Mann!«, grinst Guido mich an, während er den Hahn öffnet und sich der erste Becher langsam mit Bier füllt. »Günni, noch ein Gefäß! Wir haben einen Gast!«

»Kommt sofort!«, antwortet Günni und wirft ihm einen Becher zu.

»Du trinkst doch einen mit, oder?«, wendet sich Guido fragend an mich.

Oha. Ein Bier am frühen Morgen? Ist normalerweise nicht so mein Ding. Aber Lust hätte ich irgendwie schon. Obwohl, nein, ich kann doch nicht mit einer Bierfahne bei Valerie aufkreuzen, das würde wohl keinen guten Eindruck machen.

Andererseits, das sieht schon ziemlich verlockend aus, wie Guido dort einen Becher nach dem anderen füllt. Wie lange ist es noch bis Berlin? Knapp fünf Stunden. Und dann bestimmt noch mal eine halbe Stunde, bis ich bei ihr bin. Wenn ich jetzt eins trinke, ist die Fahne bis dahin längst wieder weg, oder? Und ich kann mir ja auch noch einen Kaugummi kaufen, wenn ich da bin. Außerdem wäre es sehr unhöflich, wenn ich dieses nette Angebot jetzt ablehne. Okay, eins wird schon nicht schaden.

»Klar, gerne!«, antworte ich Guido und er drückt mir einen vollen Becher in die Hand.

Er verteilt die anderen Becher an seine Kumpels und wir stoßen an.

»Prost, ihr Säcke!«, ruft Ralle laut.

»Prost, du Sack!«, antworten die anderen beiden.

Ich sage einfach nur Prost. So gut, dass ich irgendeinen von ihnen Sack nennen würde, kennen wir uns dann doch noch nicht. Ich nehme einen tiefen Zug und stelle fest, dass es keine schlechte Entscheidung war, dieses Angebot anzunehmen, das tut richtig gut.

Meine drei Gegenüber lehnen sich wohlig seufzend mit den Bechern auf dem Bauch in ihre Sitze zurück.

»Seid ihr auf dem Weg zu einem Spiel?«, frage ich nach einer Weile des Schweigens und stelle meinen Becher neben dem Fass ab, um nicht zu schnell zu trinken.

»Spiel?«, schaut mich Guido verwirrt an. »Was für ein Spiel?«

»Football?«, antworte ich und nicke in Richtung der Trikots. »Ich dachte nur, deswegen.«

»Ach so«, lacht Guido. »Nein, die zwei haben nur einen

ziemlich beschissenen Klamottengeschmack. Stimmt's, Männer?«

»Stimmt genau!«, nickt Günni. »Außerdem sind die Dinger verdammt bequem.«

»Was denn?«, beschwert sich Ralle. »Die sehen ja wohl mal affengeil aus!«

»Affen, ja, geil, nein«, grinst Guido und prostet seinen Kumpels zu.

Sie exen alle drei das Bier und Guido macht sich sofort daran, die Becher wieder aufzufüllen.

»Auch noch eins?«, fragt er mich.

»Nein, danke«, winke ich ab. »Ich hab noch.«

»Ach, was, die Pfütze da!«, sagt er, schnappt sich meinen erst halb leeren Becher und zapft ihn bis zum Anschlag voll.

»Okay, danke«, sage ich, nehme den Becher aus seiner Hand und trinke schnell ab, damit nichts überschwappt.

Na, prima, das wären dann schon anderthalb Bier, wo ich doch nur eins trinken wollte. Ach, egal, das Halbe mehr macht wohl keinen großen Unterschied. Außerdem ist das echt superlecker. Was ist das denn überhaupt für ein Gesöff? Ich trinke nämlich sonst nur Weißbier und das ist es definitiv nicht.

»Ist das Pils?«, frage ich.

»Pils?«, schaut mich Guido entsetzt an. »Glaubst du, wir wollen dich umbringen, oder was?«

»Pils ist Gülle!«, sagt Günni. »Fast so schlimm wie Alt!«

»Das ist Kölsch!«, ergänzt Ralle. »Echtes Kölsch aus Kölle!«

»Aha«, bemerke ich. »Hab ich schon von gehört, aber noch nie getrunken. Lecker, euer Kölsch!«

»Hört, hört!«, ruft Guido und hebt seinen Becher. »Und

wieder eine Seele zum rheinisch-kölschen Glauben bekehrt! Darauf muss getrunken werden!«

Ich stoße mit allen dreien an und nehme einen tiefen Zug. Oh, Mann, wenn das so weitergeht, bin ich hackezu, bis ich in Berlin ankomme. Dieses Tempo kann ich unmöglich mithalten. Ich muss sie irgendwie ablenken. Am besten mit Konversation. Genau, wer redet, kann nicht trinken, das könnte klappen.

»Ihr kommt also aus Köln?«, frage ich.

»Jawoll«, sagt Guido.

»Genau«, nickt Günni.

»So isset«, bestätigt Ralle.

Hm, tolles Gespräch, so wird das nichts. Ein bisschen mehr Information, vielleicht?

»Und wie ist es so in Köln?«, hake ich nach.

»Spitze«, sagt Guido.

»Astrein«, hebt Günni einen Daumen.

»Bestens«, fügt Ralle hinzu.

Vielen Dank, so genau wollte ich es gar nicht wissen. Habe ich nicht mal irgendwo gehört, die Rheinländer wären so locker und überaus redselig? Oder galt das nur für die Karnevalszeit? Egal, ich bringe euch schon noch zum Reden, ihr Narren.

»Und wohin geht eure Reise dann, wenn nicht zu einem Spiel?«

»Wir sind auf Deutschland-Tour!«, erhebt Guido zuerst seine Stimme und gleich darauf den Becher. »Auf die Tour, Männer!«

»Auf die Tour!«, stimmen die anderen zwei mit ein und alle drei strecken mir die Becher entgegen.

Und wieder anstoßen und wieder trinken. Wobei ich mir dieses Mal Mühe gebe, nur einen ganz kleinen Schluck zu nehmen.

Deutschland-Tour? Was soll das denn jetzt bedeuten? Ist das am Ende vielleicht eine Band? Sind das Musiker? Aber wo sind dann ihre Instrumente? Es sei denn, das sind Hip-Hopper, dann bräuchten sie natürlich keine Instrumente, nur Mikros. Aber sie sehen irgendwie nicht aus wie Hip-Hopper, bis auf die Trikots vielleicht, die haben schon was Hip-Hoppiges. Die Hosen dagegen sind absolut nicht Hip-Hop, viel zu eng. Und Goldkettchen tragen sie auch nicht, soweit ich das sehen kann.

Aber vielleicht ist das ja eine neue Generation, so eine Art progressive Kölner Hip-Hop-Schule, könnte ja sein, ich kenne mich auf dem Gebiet nicht so gut aus, ist mir auf Dauer schon immer zu langweilig gewesen. Oder, nein, anders, jetzt hab ich's! Das sind keine Musiker, sondern Fans! Genau, das könnte es sein. Sie sind Fans irgendeiner Band, die gerade auf Deutschland-Tour ist, und sie folgen dieser Band von Auftritt zu Auftritt. Soll's ja geben, solche Verrückten. Aber welche Band? Ich sehe keine Buttons oder Aufnäher oder ähnlich geschmacklose Fanutensilien, die auf irgendeine Band hinweisen. Hip-Hop schließe ich jetzt mal endgültig aus, rein vom Outfit her. Irgendwas Härteres, würde ich tippen, so in Richtung *Metallica* vielleicht. Oder was Deutsches, *Hosen*, zum Beispiel. Sind die *Hosen* gerade auf Tour? Könnte sein. Ich meine, ich hätte da neulich ein Plakat gesehen. Wobei ich natürlich auch völlig falsch liegen könnte und diese drei reisen Britney Spears hinterher oder im schlimmsten Fall irgendeinem Casting-Show-Gewinner.

Aber so sehen sie nun wirklich nicht aus. Alles Spekulieren hilft aber doch nichts, ich muss sie wohl fragen.

»Deutschland-Tour?«, verziehe ich fragend mein Gesicht.

»Genau«, grinst Guido.

»Die große«, nickt Günni.

»Is 'ne Wette«, sagt Ralle.

Oh Mann, die treiben mich noch in den Wahnsinn mit ihren knappen Antworten! Kann mir denn nicht mal einer ordentlich und ausführlich Auskunft geben?

»Was denn für eine Wette?«, hake ich ungeduldig nach.

»1500 Euro«, sagt Guido.

»'ne Menge Holz«, nickt Günni.

»500 für jeden«, fügt Ralle hinzu.

Nein, echt? Hast du das ganz allein ausgerechnet? Das war aber keine Antwort auf meine Frage, verflixt noch mal! Muss man euch denn wirklich alles einzeln aus der Nase ziehen?

»Und worum geht es in dieser Wette?«, bohre ich gnadenlos weiter.

Und wenn jetzt einer sagt »um viel Geld«, dann fliegt das Fass aus dem Fenster.

»16 Kisten«, sagt Guido.

»In 16 Bundesländern«, sagt Günni.

»In 14 Tagen«, sagt Ralle.

Das reicht. Ich komme mir langsam vor wie der Kandidat einer dämlichen Rateshow. Und ich hasse Rateshows.

»Geht's auch ein klein bisschen genauer?«, drängle ich und nehme ungeduldig einen tiefen Zug Bier. »Wer muss denn genau was in 14 Tagen und 16 Bundesländern machen?«

»Okay, pass auf«, beugt sich Guido nach vorne. »Das war so: Wir saßen mit ein paar Kumpeln wie jeden Samstag in unserer Stammkneipe und hatten schon ganz ordentlich einen gezischt.«

»Wir waren hackedicht, meinst du«, grinst Günni.

»Bis zum Rand«, grinst Guido zurück. »Und als irgendwann die x-te Runde Kölsch auf den Tisch kam, meinte Ralle, er kann wirklich nicht mehr, weil er mittags schon bei seiner Oma zum …«

»Tante!«, unterbricht ihn Ralle. »Das war doch bei meiner Tante!«

»Ja, von mir aus, ist doch auch egal«, fährt Guido fort. »Also, er meinte, er wäre fix und alle, weil er sich schon mittags beim Geburtstag seiner Tante in Koblenz zugerissen hätte. Und irgendeiner meinte dann, das wären ja quasi zwei Besäufnisse in zwei Bundesländern an einem Tag. Und ein anderer fing dann an aufzuzählen, in wie vielen Bundesländern er schon mal einen gesoffen hätte.«

»Das war ich«, meldet sich Günni stolz zu Wort. »Ich kam immerhin auf ganze sechs!«

»Genau«, nickt Guido. »Und daraufhin meinte ich dann, es wäre doch echt geil, wenn man sagen könnte, man hätte in jedem deutschen Bundesland schon mal so richtig einen gesoffen. Und das Ganze hat sich dann so weit hochgeschaukelt, bis wir die Wette abgeschlossen haben. Ich habe einfach mal behauptet, dass wir drei es schaffen, uns in 14 Tagen in allen 16 Bundesländern zuzulöten, und der Rest der Männer hat dagegen gewettet.«

»Außer Ulli«, sagt Ralle. »Der wollte auch mit, hat aber keinen Urlaub gekriegt.«

»Dafür hat er die Logistik übernommen«, erklärt Guido. »Und das war gar nicht so einfach. Es ist nämlich so, dass wir in jeder Stadt auf dem bekanntesten Platz eine Kiste Kölsch leeren müssen. Als Beweis gibt es Vorher/Nachher-Fotos. Und jetzt treib mal außerhalb NRWs eine Kiste Kölsch auf, das ist gar nicht so einfach. Alles mitschleppen geht natürlich nicht.«

»Aber Ulli hat das geregelt«, grinst Günni.

»Ulli ist der Beste!«, bestätigt Ralle.

»Absolut!«, nickt Guido. »Er hat es tatsächlich geschafft, übers Internet und mit Telefonieren dafür zu sorgen, dass in jeder dieser Städte bei einem zentral gelegenen Getränke-händler eine Kiste Kölsch auf uns wartet.«

»Und zwar für lau!«, sagt Günni.

»Genau, das ist ja noch das Beste!«, fährt Guido fort. »Wird komplett von der Brauerei gesponsert, hat auch Ulli hingekriegt. Wir müssen nur alles dokumentieren und wenn wir zurück sind, kommt das auf die Website. Die haben sogar die Zugtickets bezahlt. Nur um die Übernachtungen müssen wir uns selbst kümmern, das ist Teil der Wette.«

»Aber meistens pennen wir sowieso nur am Bahnhof und im Zug«, sagt Ralle.

Abgefahren. Die sind ja wohl völlig verrückt. Einmal quer durch Deutschland saufen, auf so eine Idee kann man auch nur im Vollrausch kommen. Täglich eine Kiste Bier, das sind zehn Liter, also knapp sieben Halbe für jeden. Und an zwei Tagen müssen sie ja sogar das Doppelte trinken. Nein, das wäre nichts für mich, das würde ich nicht überleben. Und das ist ja anscheinend nicht alles, sie vernichten ja zwischendurch noch jede Menge Babys, wie es aussieht. Unglaublich.

»Und die Fässer?«, frage ich erstaunt. »Gehören die auch zur Wette?«

»Nein«, schüttelt Guido den Kopf. »Das ist reine Wegzehrung, um nicht aus der Übung zu kommen.«

»Zahlt aber auch die Brauerei«, grinst Günni.

»Auf die Brauerei!«, hebt Ralle seinen Becher.

»Auf die Brauerei!«, stimmen die anderen beiden mit ein.

»Auf die Brauerei«, stoße ich mit an und nehme einen tiefen Zug.

Die drei exen ihre Becher schon wieder und Guido beginnt sofort nachzuschenken. Ich behalte meinen fest in der Hand, nicht, dass die auch meinen noch mal auffüllen.

»Wie weit seid ihr denn schon gekommen?«, will ich wissen, weil ich diese Wette immer noch nicht ganz fassen kann.

»Heute ist der sechste Tag«, antwortet Guido. »Wir sind Montag in Hessen gestartet, dann rüber nach Rheinland-Pfalz, dann Saarland, vorgestern Baden-Württemberg, gestern Bayern und heute ist Thüringen dran. Am härtesten werden Berlin und Hamburg, da wird dann gedoppelt. Und das Finale ist natürlich in Köln auf dem Domplatz.«

»Klar, macht Sinn«, sage ich. »Das Heimspiel zuletzt.«

»Und da wird dann erst mal richtig einer gesoffen!«, grinst Günni, während er sein frisches Kölsch entgegennimmt und Ralle eins weiterreicht.

»Genau!«, stimmt Ralle ein. »Auf Kölle!«

»Auf Kölle!«, rufen die anderen beiden.

»Auf Kölle«, rufe auch ich und versuche genauso enthusiastisch dabei zu klingen, obwohl mir langsam angst und bange wird.

Das stehe ich nie und nimmer durch. Ich muss unbedingt irgendwie den Absprung schaffen, sonst kann Valerie mich nur noch als Überraschung aus dem Rinnstein vor ihrem

Haus kratzen, wenn ich es überhaupt so weit schaffe. Genau, ich hab's, ich stelle mich einfach wieder schlafend, das hat ja bei Wölfchen und Saskia auch funktioniert.

Ich lehne mich dieses Manöver vorbereitend schon mal leicht gähnend in den Sitz zurück, den Becher immer noch fest umklammert. Dann blinzle ich müde mit den Augen, so als ob sie immer schwerer würden.

»Mann, sag doch was!«, reißt Guido mich aus dem Blinzeln und den Becher aus meiner Hand. »Ist ja fast leer! Nicht, dass du uns hier verdurstest! Das können wir nicht verantworten! Nicht wahr, Männer?«

»Auf gar keinen Fall!«, sagt Günni.

»Niemals!«, bekräftigt Ralle.

Mit schmerzhaft wachen Augen muss ich mit ansehen, wie sich mein Becher erneut füllt.

Verdammt, diese Jungs sind echte Profis, hier komme ich nie im Leben nüchtern raus.

»Hier, bitte schön!«, grinst Guido und reicht mir den vollen Becher. »Wie heißt du eigentlich?«

»Max«, sage ich und kann ein leichtes Seufzen nicht unterdrücken.

»Auf Max!«, ruft Ralle mit erhobenem Becher.

»Auf Max!«, rufen die anderen beiden.

»Auf euch!«, stoße ich dazu.

Und darauf, dass ich hoffentlich in Valeries Armen und nicht auf irgendeinem Platz in Thüringen wieder zu mir komme, weil mich diese drei Verrückten gekölschnapped haben.

Zwischen Naumburg und Jena, 11:10

»Ein KitKat, bitte.«

Ja, da habe ich jetzt so richtig Lust drauf. Aber satt werde ich davon wohl kaum. Ob ich doch so ein Sandwich nehme? Ist mir ja eigentlich viel zu teuer. Warum musste ich Dussel auch den Proviant auf dem Kühlschrank vergessen, das war echt zu dämlich! Sandwich oder kein Sandwich? Ach, was soll's, Papa hat mir ja Geld gegeben, und die Fahrt dauert noch ewig.

»Was ist denn da drauf?«, frage ich und zeige auf ein Sandwich. »Ja, das da, genau.«

»Das ist Pute«, sagt die Frau hinter dem Tresen.

»Gut, dann nehme ich so eins.«

»Macht dann vier Euro sechzig, bitte«, sagt sie.

Ich zähle das Geld ab und lege es ihr passend hin.

Vier Euro sechzig. Das sind über neun Mark, würde Papa sich jetzt aufregen. Über neun Mark für ein Stück Brot und einen Schokoriegel. Papa ist immer noch ständig am Umrechnen und sich Aufregen, wie teuer alles geworden ist. Ich habe ziemlich schnell damit aufgehört, bringt ja doch nichts.

Ich nehme das Sandwich und das KitKat und will gerade zurück zu meinem Platz gehen, als mir Jane und ihr Brötchen durch den Kopf schießen. Nein, das kann ich nicht machen, erst ihr Brötchen ablehnen und dann mit diesem überteuerten Sandwich ankommen. Sie wäre wahrscheinlich zu Tode beleidigt, wäre ich wohl auch an ihrer Stelle. Natürlich könnte mir das im Grunde genommen schnurzpiepegal sein, ich werde sie nach dieser Fahrt sowieso nie wiedersehen, trotzdem, es wäre nicht sehr nett und deswegen mache ich es auch nicht.

Ich schaue mich im Bistrowagen um. Die meisten Tische sind besetzt, auf den ersten Blick hauptsächlich von Rauchern. Einer drückt gerade seine Zigarette aus und steht auf. Ich warte einen Augenblick, um sicherzugehen, dass er wirklich den Wagen verlässt, und setze mich auf den frei gewordenen Platz. Im Aschenbecher qualmt es noch und ich wundere mich, wieso es Raucher gibt, die ihre Zigaretten immer noch nicht richtig ausdrücken können, obwohl sie es so oft am Tag tun. Ich überlege, ob ich die Zigarette ausdrücken soll, finde aber die Vorstellung diese Kippe anzufassen doch zu eklig und schiebe den Aschenbecher so weit es geht von mir weg an den Rand des Tischs.

Ich öffne die Verpackung des Sandwichs und nehme es in die Hand. Igitt, warum fühlt sich das denn so feucht an? Beinahe so feucht, als wäre es in Wasser getunkt worden, richtig labbrig. Hoffentlich schmeckt es nicht so, wie es sich anfühlt. Ich beiße vorsichtig eine kleine Ecke ab. Ist okay, schmeckt annehmbar. Ein Blick zum Aschenbecher, während ich den nächsten, größeren Bissen nehme. Verflixt, das Ding qualmt immer noch, sogar noch stärker als vorher. Ob ich nicht doch etwas unternehmen soll? Am Ende fackelt hier noch der ganze Zug ab. Ich lege das Sandwich beiseite und will den Aschenbecher gerade zu mir ziehen, als ihn jemand vom Tisch nimmt. Ah, sehr gut, die Frau, die mir eben das Sandwich verkauft hat, entsorgt ihn, sehr aufmerksam.

»Vielen Dank«, sage ich und sie lächelt kurz, während sie einen leeren Aschenbecher auf den Tisch stellt.

Das wäre auch kein Job für mich, denke ich. Den ganzen Tag

Zug fahren und dabei Leute bedienen. Gut, man kommt ein bisschen rum, aber irgendwann ist bestimmt auch das Routine. Ist ja im Grunde genommen nichts anderes als eine Kellnerin auf Rädern. Und viel mehr verdienen die bestimmt auch nicht, und sie kriegen noch nicht mal Trinkgeld, außer im Restaurant vielleicht. Ich habe in den letzten Sommerferien auch drei Wochen gekellnert, um ein bisschen Geld zu verdienen, aber das war echt nichts für mich, nie wieder. Du wirst entweder blöd angemeckert oder plump angemacht, ich war heilfroh, als diese drei Wochen endlich vorbei waren. Nein, das ist wirklich kein Job für mich. Aber was sonst? Irgendwann muss ich mich mal entscheiden, was ich nächstes Jahr nach dem Abi machen will. Aber ich habe ja noch nicht mal eine Richtung, die mich interessieren würde. Sprachen, dachte ich immer, irgendwas mit Sprachen, weil mir das liegt. Aber was kann man schon mit Sprachen machen? Außer Übersetzerin, aber das wäre mir dann auch zu öde. Nur mit Sprachen allein ist nichts anzufangen, da brauchte ich noch was anderes dazu, etwas, wobei man die Sprachkenntnisse dann auch einsetzen kann. Oder soll ich es auch mal mit Jura probieren, so wie Katja? Nein, das stelle ich mir auch superöde vor, und als Anwältin sehe ich mich schon gar nicht. Irgendwas mit Sport wäre gut, dafür interessiere ich mich und es macht mir Spaß. Sportlehrerin, vielleicht? Englisch und Sport? Lehrerin? Ich? Ein Leben lang Schule? Nein, wirklich nicht. Ich schlage drei Kreuze, wenn ich da endlich raus bin. Mensch, das ist aber auch eine schwierige Entscheidung. Wie machen das andere Leute bloß? Ich meine, Katja, zum Beispiel. Für sie stand schon letztes Jahr fest, dass sie nach dem Abi Jura studieren wird. Das hat sie einfach so beschlossen, als wäre es das Einfachste der Welt. Warum kann ich das nicht? Wenn ich wenigstens ein Hobby hätte, das ich zum Beruf machen könnte. Aber zur Profiboxerin fehlt es mir dann doch an Ehrgeiz, und ich habe auch keine Lust auf irgendwelche Folgeschäden von jahrelangen Schlägen an den Kopf. Außerdem ist da sowieso nur richtig Geld zu verdienen, wenn man ganz weit oben ist, so wie die Halmich. Nein, so wird das nichts, mir fällt einfach nichts Gescheites ein. Egal, muss ja nicht heute entschieden werden, heute gibt es sowieso Wichtigeres. Und wer weiß, wenn das heute so gut läuft, wie ich es mir vorstelle, ergeben sich ja vielleicht noch völlig neue Perspektiven und Möglichkeiten. Ich könnte zum Beispiel in München studieren. Oje, das würde Papa allerdings ganz und gar nicht gefallen. Aber da muss er dann eben durch. Dann könnte ich mit Max zusammen eine kleine Wohnung suchen und wir würden beide studieren, das wäre echt perfekt! Und wenn wir dann mit dem Studium fertig sind … Halt, stopp! Ich tue es ja schon wieder, verdammt! Nicht zu weit nach vorne denken, Valerie! Eins nach dem anderen, ganz langsam, nichts überstürzen. Max überraschen und der erste Kuss, das ist erst mal alles, was zählt.

Ich stopfe mir den letzten Bissen Sandwich in den Mund und öffne das KitKat.

»Brauchst du den Aschenbecher?«, fragt plötzlich eine männliche Stimme direkt über mir.

Ich zucke erschreckt zusammen, wobei mir das KitKat aus der Hand rutscht und auf den Boden fällt.

»Oh, Entschuldigung!«, sagt die Stimme. »Ich wollte dich nicht erschrecken!«

»Schon okay«, sage ich, während ich unter dem Tisch verschwinde, um das KitKat aufzuheben. »Nichts passiert.«

Ich tauche wieder auf und schaue nach oben. Aber hallo! Was haben wir denn da?

»Dann ist's ja gut«, strahlt mich ein Johnny-Depp-Lächeln an.

Ja, sehr gut sogar, bestens sozusagen. Mein Gott, sieht der lecker aus! Und tatsächlich ein bisschen wie Johnny Depp, vom Typ her zumindest, *Fluch der Karibik*, die Haare nicht ganz so lang, aber Dreads, braun gebranntes Gesicht, nicht von der Sonnenbank, perfekte, strahlend weiße Zähne, muskeldefinierte Arme, nicht übertrieben aufgepumpt, so wie der ganze Rest auch. Einpacken, bitte! Den nehme ich gleich mit.

»Und?«, lächelt mich Johnny fragend an.

»Und?«, wiederhole ich nicht ganz bei mir.

»Der Aschenbecher«, sagt er. »Brauchst du den oder kann ich ihn mir mal kurz ausleihen?«

Was? Ach so, ja, der Aschenbecher, stimmt, da war doch was.

»Äh, nein, ich meine, klar, nimm ruhig!«, stammle ich ihm entgegen und bete, dass ich nicht so aussehe, wie ich mich fühle.

»Gut, danke«, sagt Johnny, nimmt den Aschenbecher, dreht sich um und geht an einen Tisch auf der anderen Seite.

Oh mein Gott, dieser Hintern ist zum Reinbeißen! Jetzt setzt er sich, zündet eine Zigarette an und blättert in einer Zeitschrift, die auf dem Tisch liegt. Er blickt kurz zu mir rüber und lächelt dann breit in die Zeitschrift. Verdammt, ich habe ihn bestimmt angestarrt! Er weiß haargenau, was ich gerade denke. Möchte nicht wissen, wie oft er solche Blicke schon zu sehen bekommen hat. Ja, Mr Depp, ich würde dir gerne die Klamotten vom Leib reißen und es hier und jetzt sofort mit dir machen. Natürlich nicht wirklich, aber allein die Vorstellung ist schon verlockend genug. Ein bisschen träumen muss erlaubt sein und ist bei so einem Prachtexemplar unvermeidlich. Trotzdem, wenn er jetzt hier rüberkäme und mir ein eindeutiges Angebot machen würde, würde ich ohne zu zögern Nein sagen. Na gut, ein bisschen Zögern vielleicht, aber wirklich nur ganz kurz, denn erstens stehe ich eben nicht auf die schnelle unpersönliche Nummer und zweitens gibt es ja schließlich Max. Ich meine, klar, rein technisch gesehen sind wir noch gar nicht zusammen und ich somit, wenn man es ganz genau nimmt, frei und Single, und natürlich könnte ich tun und lassen, was ich will. Aber ich könnte Max nie und nimmer in die Augen sehen, nachdem ich auf dem Weg zu unserem ersten Treffen einen Johnny Depp im Zugbistro vernascht hätte. Das wäre nicht nur nicht fair, sondern extrem mies und absolut gegen meine Überzeugung und die Tatsache, dass ich in Max verliebt bin und einzig und allein deswegen in diesem Zug sitze, um ihn endlich, endlich zu sehen und zu küssen und anfassen und spüren zu können. Oh ja, anfassen und spüren wäre sehr, sehr schön. Über dieses Langsam-angehen-Lassen und Nicht-gleich-miteinander-Schlafen müssen wir echt noch mal reden. Muss ja nicht gleich heute sein. Aber morgen vielleicht! Ich habe so eine Riesenlust darauf, ich werde mich beherrschen müssen, nicht sofort über ihn herzufallen. Na ja, ganz so schlimm ist es auch wieder nicht, ich habe das gut unter Kontrolle. Aber meinen Kuss will ich auf jeden Fall haben, darauf verzichte ich mit Sicherheit nicht! Hörst du das, Max? Wenn du mich nicht gleich küsst, sobald wir uns sehen, gibt's mächtig Ärger! Immerhin habe ich für dich auf diesen superleckeren Johnny Depp hier verzichtet, jawohl!

Ich glaube, ich gehe jetzt besser mal zurück zu meinem Platz, sonst drehe ich noch völlig ab. Johnny Depps tun mir anscheinend gar nicht gut. Ich werfe meinen Abfall in den Mülleimer und noch einen letzten Blick auf Mr Depp, den er natürlich bemerkt und erneut mit diesem wissenden Lächeln quittiert, und verlasse den Speisewagen.

Wahrscheinlich war er sowieso dumm wie Brot, denke ich auf dem Weg zurück. Derart schöne Männer haben meistens die Intelligenz und den Horizont eines Toasters. Und Dummheit ist absolut unsexy. Was nützt einem der schärfste Typ, wenn er dich hinterher fragt, wie viele Orgasmen du hattest? Nein, da habe ich echt nichts verpasst, so einer kann Max noch nicht mal das Wasser reichen, wenn es regnet. Max mag vielleicht nicht so perfekt aussehen, aber für mich ist er der schönste Mann der Welt. Natürlich vorausgesetzt, er ist tatsächlich derjenige auf den Fotos, aber davon gehe ich mittlerweile wieder ganz fest aus, Jane hin oder her.

Als ich zu meinem Platz und zu Jane zurückkomme, wippt diese mit angespanntem Gesicht unruhig auf und ab.

»So, da bin ich wieder«, sage ich. »Alles okay bei dir?«

»Na endlich!«, stöhnt sie und steht x-beinig auf. »Ich dachte schon, du kommst gar nicht wieder! Ich muss mal ganz, ganz dringend auf die Pipibox! Bis gleich!«

Und weg ist sie.

Na, so lange war ich jetzt auch nicht weg, hätte ja vorher gehen können. Egal, nicht mein Problem.

Ich nehme einen großen Schluck aus meiner Wasserflasche, um den Nachgeschmack des Sandwichs loszuwerden. Oh, was liegt denn da auf dem Tisch? Eine Fototasche – muss von Jane sein. Die Lasche ist aufgeklappt und der Stapel Fotos ein Stück rausgerutscht. Ich beuge mich nach vorne. Auf dem obersten Bild ist Jane mit einer Katze zu sehen. Wo ist das? Sieht aus wie eine Küche. Vom zweiten Bild ist nur eine kleine Ecke zu sehen, ich müsste das oberste wegschieben, um es ganz betrachten zu können. Nein, das kann ich nicht machen, das ist Janes Privatsache. Aber ich bin doch so neugierig! Vielleicht hat sie die Fotos ja rausgeholt, um sie mir zu zeigen? Wäre doch möglich, oder? Fotos sind zum Zeigen da. Und dann würde es nichts ausmachen, wenn ich jetzt schon mal einen Blick darauf werfe. Andererseits, wenn sie mir die Fotos sowieso zeigen will, kann ich auch noch solange warten, um sicherzugehen. Aber wenn sie mir die Fotos doch nicht zeigen will und sie sofort wegpackt, werde ich nie erfahren, was auf dem zweiten Bild ist. Wieso interessiert mich das überhaupt? Geht mich doch gar nichts an, was auf diesen Fotos zu sehen ist. Sind wahrscheinlich sowieso stinklangweilig. Warum also will ich sie um alles in der Welt sehen, und zwar jetzt sofort? Blöde Neugier, blöde.

Ich stütze mich mit den Ellenbogen auf den Tisch, lege mein Kinn in den Handflächen ab und atme frustriert aus. Moment mal, was war das denn? Die Fototasche hat leicht gezittert. War das etwa vom Luftzug, den mein Ausatmen erzeugt hat? Ich hole tief Luft und lasse sie durch etwas spitzere Lippen heraus. Tatsache, die Tasche hat sich wieder bewegt. Wenn ich das Ganze jetzt etwas kräftiger gestalte und auf den Fotostapel ziele, könnte ich dadurch vielleicht das obere Foto dazu bringen, vom Stapel herunterzurutschen. Und dann könnte ich ruhigen Gewissens behaupten, ich hätte die Fotos nicht angefasst, falls Jane etwas merkt. Ja, das ist gut, so wird's gemacht.

Ein kurzer, verstohlener Blick nach links, ob mich auch niemand beobachtet. Ich hole zu meinem ersten Puster aus. Mist, das war nichts, zu schwach und zu tief angesetzt. Noch mal. Schon besser, das Foto hat sich kurz vom Stapel abgehoben. Noch etwas kräftiger. Ja, sehr gut, es ist zur Hälfte unten. Ein letzter Puster und das zweite Bild ist komplett freigelegt. Ich beuge mich nach vorne. Na, toll, ein Haus, ein stinknormales Haus, noch nicht mal irgendwie besonders schön oder so. Und dafür der ganze Aufwand. Vielleicht ist das darunter ja besser. Zwei Puster später ist auch das freigelegt. Ja, super, Jane hat ihren Rucksack fotografiert. Wenn das nächste ein Bild ihrer Waschmaschine ist, höre ich aber auf. Genervt puste ich wieder, viel zu kräftig, denn der Rucksack weht mitsamt Haus und Katze vom Tisch. Verdammter Mist aber auch! Ich tauche schnell unter dem Tisch ab und taste nach den Fotos, kann aber nur zwei finden. Verflixt, wo ist das dritte? Ich krabble wieder hoch. Die Katze habe ich, das Haus auch, wo ist der blöde Rucksack? Ich stehe auf und gucke auf den Sitz gegenüber. Gott sei Dank, da ist es ja! Ich schnappe es mir, bringe Katze, Haus und Rucksack in die richtige Reihenfolge und lege sie hektisch zurück auf den Stapel, allerdings nicht, ohne vorher noch einen kurzen Blick auf Foto Nummer vier zu werfen. Ein Brotkasten? Warum, um alles in der Welt, fotografiert jemand bitte schön einen Brotkasten? Na, da hat sich ja die ganze Aufregung wirklich gelohnt!

Ich schiebe den Fotostapel noch ein paarmal hin und her, bis er meines Erachtens nach wieder genau die ursprüngliche Position hat, streiche meine Haare, die unter dem Tisch durcheinander geraten sind, glatt und lasse mich vor Hektik fast außer Atem zurück in meinen Sitz fallen.

Hoffentlich merkt sie nichts. Und hoffentlich, hoffentlich will sie mir diese Fotos nicht zeigen! Das würde ich nicht überleben vor lauter Langeweile. Ein Brotkasten! Wie ist die denn drauf? Ich dachte, da wäre vielleicht ihr Berliner Lover drauf oder so. Wenn ich Interrail machen würde, wären auf meinen Fotos jedenfalls keine Haushaltsgegenstände. Ich fotografiere am liebsten sowieso nur Menschen, alles andere finde ich uninteressant. Aber gut, muss schließlich jeder selbst wissen, was er fotografiert. Jane fotografiert eben gerne Brotkästen, ihr Problem.

Wo bleibt sie überhaupt so lange? Sie wollte doch nur auf Toilette. Na ja, wer weiß, vielleicht hat sie ihre Kamera mitgenommen und fotografiert gerade das Waschbecken oder den Seifenspender oder die Türklinke in Großaufnahme. Oh, da fällt mir ein, habe ich Katjas Kamera überhaupt eingepackt? Nicht, dass die auch noch zu Hause auf dem Kühlschrank oder sonst wo liegt. Ich will doch ganz viele Fotos von Max machen und habe mir extra Katjas Digitalkamera geliehen, weil die eine riesige Speicherkarte hat.

Ich suche und finde die Kamera ganz unten in meinem Rucksack.

Wie funktioniert dieses Teil eigentlich genau? Katja hat mir nur kurz gezeigt, wo sie an- und wieder auszuschalten ist und wie man den Akku auflädt.

So, wie war das noch mal? Ich schalte die Kamera ein. Aha, okay, das Display geht an. Was sind denn das für Zeichen am oberen und unteren Rand? Sehen aus wie Hieroglyphen. Huch, jetzt sind sie weg! Habe ich irgendwas falsch gemacht? Ich habe doch gar nichts angefasst, geschweige denn, einen Knopf gedrückt. Keine Ahnung, ist vielleicht normal so. Ich richte die Kamera auf Janes Rucksack. Guckt man da jetzt auf das Display oder durch den Sucher? Ich probiere beides aus, das Display erscheint mir praktischer. Ich drücke ab und schaue mir das Ergebnis an. So weit ist es also gekommen, denke ich. Jetzt mache ich auch schon Rucksackfotos. Aber ich kann ja schlecht irgendeinen Fahrgast anvisieren, das wäre doch sehr unhöflich.

Ich will die Kamera gerade wieder wegpacken, als ich Jane den Gang entlangkommen sehe. Ah, doch noch ein Opfer, sehr schön! Ich warte, bis sie bei mir angekommen ist, und zücke die Kamera.

»Einmal lächeln, bitte!«, rufe ich und drücke ab.

Ich schaue mir das Bild gleich an. Ja, das ist doch mal ein Lächeln. Das können Brotkästen nicht.

»Wo warst du denn so lange?«, frage ich, während ich die Kamera zurück in den Rucksack stecke.

»Das glaubst du mir nie!«, sagt Jane bemüht leise.

Ich schaue sie an und sie lächelt immer noch so, wie auf dem Bild. Sie strahlt richtig und ihre Wangen sind knallrot.

»Ich habe gerade einen Kerl kennengelernt!«, flüstert Jane mir über den Tisch gebeugt zu.

»Auf der Toilette?«, frage ich verwundert, weil sie ja schließlich dorthin wollte.

»Ja!«, sagt Jane kichernd. »Also, eigentlich davor. Es war besetzt, als ich ankam, und dieser Kerl stand auch schon davor und wartete. Ich habe ihn erst gar nicht beachtet, war viel zu sehr damit beschäftigt mir nicht in die Hose zu machen. Bin da immer von einem Bein aufs andere und habe leise vor mich hin geflucht. Er dann irgendwann, ich könnte ruhig vor, bei ihm wäre es nicht so dringend. Ich mich bedankt und ihn angeguckt und mich fast nass gemacht. So was hast du noch nicht gesehen! Einfach Zucker, der Kerl. Braun gebrannt, muskulös, und dann noch diese pechschwarzen Dreadlocks, sah ein bisschen aus wie …«

»Johnny Depp!«, platze ich dazwischen. »Den hab ich vorhin im Speisewagen gesehen! Das ist ja der Hammer! Der hat mich auch sofort umgehauen!«

»Echt?«, erwidert Jane aufgeregt. »Der absolute Wahnsinn, oder? Aber der sieht doch null aus wie Johnny Depp! Ich finde, er hat eher so was von Tobey Maguire!«

»Knallrotes Muskelshirt, Army-Hosen?«

»Ja, klar, genau der.«

»Johnny Depp, ganz eindeutig. Aber egal, erzähl weiter!«

»Also, wie gesagt«, fährt sie fort. »Ich mich also bedankt und fast umgekippt bei dem Anblick. Dann ging aber auch schon gleich die Toilettentür auf und ich nichts wie reingestürmt, sonst wäre echt noch ein Unglück passiert. Ich also fertig und die Tür auf und da steht er mit diesem umwerfenden Lächeln und fragt, ob ich jetzt erleichtert wäre oder ob er mir noch irgendwas Gutes tun könnte. Ich …«

»Wie, was Gutes tun könnte?«, unterbreche ich sie. »Was ist denn das für ein bescheuerter Spruch? Du kommst von der Toilette, und er fragt, ob er dir noch was Gutes tun könnte?«

»Ist doch egal, alle diese Anmachsprüche sind bescheuert. Hauptsache, man weiß sie zu nutzen. Der Kerl hätte auch einfach nur grunzen müssen und ich wäre drauf angesprungen.«

Ich stelle mir vor, wie Max vor mir steht und grunzt. Nein, auf mich hätte das nur die Wirkung, dass ich lachend zusammenbrechen würde und ihn nie wieder ernst nehmen könnte.

»Okay, erzähl weiter!«, drängelt meine Neugier.

»Er also gefragt, und ich nur gegrinst und gesagt, das käme ganz drauf an. Er, so, worauf denn, und ich, was er sich denn unter etwas Gutes tun so vorstellen würde, woraufhin er nur lächelnd, alles was ich mir auch vorstellen könnte. Daraufhin ich nur, meine Vorstellungskraft hätte da eigentlich keine Grenzen, und er, dann sollte ich mir doch aussuchen, worauf ich gerade am meisten Lust hätte und verschwindet in der Toilette, schließt aber nicht ab.«

»Nein!«, platze ich ungläubig heraus.

»Oh, doch!«, grinst Jane.

»Aber du bist doch wohl nicht …«

»Nein, bin ich nicht! Was denkst du von mir?«

»Na ja, hätte doch sein können. Du stehst doch auf schnelle Nummern, hast du gesagt.«

»Ja, aber doch nicht in öffentlichen Toiletten. Is ja eklig!«

»Allerdings. Und weiter?«

»Ich habe gewartet, bis er wieder rauskam, und dann hat er gefragt, ob ich mich zu ihm setze. Und er wohnt in Nürnberg, da will ich sowieso hin. Ich wollte eigentlich bei Freunden pennen, aber ich glaube, das überlege ich mir noch mal. Da geht auf jeden Fall noch was.«

»Aha.«

»Sei mir nicht böse«, sagt sie und packt die Fototasche in den Rucksack. »Aber ich muss dich jetzt verlassen.«

Sie steht auf und schultert ihren Rucksack.

»Also, wie gesagt, nicht böse sein«, zwinkert sie mir zu. »Und viel Glück mit deinem Kerl! Mach's gut!«

»Ja, du auch!«, zwinge ich mich zu einem Abschiedslächeln.

Diese blöde Kuh, die blöde. Das war mein Johnny Depp! Ich habe ihn zuerst gesehen! Und sie hat ihn kaputt gemacht, zumindest den in meiner Vorstellung. Und was mich noch am meisten stört an dieser ganzen Sache: Warum hat er eigentlich nicht mich gefragt, ob ich mich zu ihm setzen will? Ich meine, ich wäre natürlich nie drauf eingegangen, aber trotzdem, er hätte es ja wenigstens versuchen können. Ich meine, ich sehe doch nun wirklich nicht schlechter aus als sie, oder? Sie ist kaum größer als ich und hat sogar eine ganze Menge mehr auf den Hüften, um nicht zu sagen, einen ziemlich fetten Arsch. Vielleicht steht er ja auf fette Ärsche, soll's ja geben.

Ach, was rege ich mich eigentlich auf, das lohnt sich doch gar nicht. Ich werde sie eh nie wiedersehen, und ihn erst recht nicht. Und außerdem habe ich ja Max, meinen Max, und den wird mir keine wegnehmen, sonst kriegt sie es mit mir zu tun, und das möchte ich keiner geraten haben!

Wieso fand ich diese blöde Kuh überhaupt so sympathisch am Anfang? Keine Ahnung, kann mich nicht erinnern. Komisch, wie so ein erster Eindruck innerhalb kürzester Zeit total umkippen kann. Oje, hoffentlich passiert mir das mit Max nicht auch! Aber, nein, kann eigentlich nicht sein, dazu kennen wir uns schon zu gut, über den ersten Eindruck sind wir längst hinweg, auch wenn wir uns noch nie wirklich gegenüberstanden. Die vielen Mails und dann haben wir täglich telefoniert, ich erkenne ja mittlerweile schon, in welcher Stimmung er ist, nur wenn er sich meldet. Nein, keine Chance, dass irgendetwas, was Max betrifft, plötzlich kippt, wenn wir uns sehen.

In welcher Stimmung er wohl jetzt gerade ist? Wenn er wüsste, dass ich komme, wäre sie bestimmt sehr gut, zumindest will ich ihm das geraten haben. Ob er schon vom Flohmarkt zurück ist? Sehr scharf war er ja nicht drauf, das wäre immer so stressig mit seiner Mutter, hat er gesagt. Ob ich ihn einfach mal anrufe? Natürlich nicht, um zu verraten, dass ich komme. Nur so, ich hätte einfach Lust, seine Stimme zu hören. Oh nein, Mist, geht nicht, ich bin ja bei meiner Oma! Obwohl, auch egal, ich kann mich ja mal kurz zum Telefonieren abgeseilt haben. Ja, das mache ich, ich rufe ihn an! Ich muss nur aufpassen, dass er nicht mitkriegt, dass ich mich in einem Zug befinde. Sind die Fahrgeräusche zu laut? Nein, das müsste eigentlich gehen.

Ich nehme mein Handy und drücke seine Nummer.

Zwischen Bamberg und Lichtenfels, 11:20

Halleluja, endlich! Der letzte der Profis ist eingeschlafen, keine Minute zu früh, denn noch ein Bier hätte ich jetzt nicht überlebt. Wie viele waren es bisher eigentlich? Viereinhalb oder fünf, so was in die Richtung, mehr als genug jedenfalls. Diese Verrückten haben in derselben Zeit mindestens sieben getrunken. Kein Wunder, dass sie in den letzten zehn Minuten einer nach dem anderen die Grätsche gemacht haben.

Ich ziehe grinsend mein Handy aus der Tasche. Dieser Anblick ist wirklich zu köstlich und muss festgehalten werden. Alle drei sitzen mir gegenüber, tief in die Sitze gerutscht, die Köpfe jeweils nach links zum Fenster abgekippt, und jeder hält mit beiden Händen seinen leeren Becher auf dem Bauch umklammert. Sie sehen aus wie zu schmal geratene (bis auf Günni, natürlich), selig betrunkene Buddhas.

Ich mache ein Foto und schaue mir das Ergebnis an. Ja, das sieht sehr geil aus, Valerie wird sich totlachen. Außerdem kann ich das als Beweisfoto verwenden, falls sie doch merkt, dass ich getrunken habe. Und auf diesem Bild ist eindeutig zu sehen, dass das nicht meine Schuld, sondern höhere Gewalt war.

Ein Gähnanfall überkommt mich und ich strecke mich dagegen. Jetzt könnte ich echt schlafen, nicht nur so tun. Aber das hebe ich mir lieber auf, falls die drei Profis wieder aufwachen. Sobald einer von ihnen auch nur mal kurz blinzelt, schließe ich sofort die Augen, so viel steht fest. Und vorsichtshalber trinke ich schon mal meinen ganzen Becher aus und stelle ihn genau hinter das Fass, damit sie ihn nicht gleich wieder auffüllen.

Hihi, was würde Valerie wohl sagen, wenn sie wüsste, dass ich gerade auf dem Weg zu ihr und ziemlich betrunken bin? Damit rechnet sie nie. Sie sitzt jetzt gerade bei ihrer Oma auf dem Geburtstag und ahnt kein bisschen. Das ist … Oh, mein Handy! Scheiße, wer ist das denn jetzt? Ich krame es hektisch aus meiner Tasche, bevor es immer lauter wird und die Profis am Ende noch davon aufwachen. Ein kurzer Blick auf das Display. Verdammt, es ist …

»Mama?«, zische ich so leise wie möglich. »Was ist denn? Es geht gerade sehr schlecht!«

Ich hatte doch gesagt, ich melde mich, wenn ich angekommen bin. Sie kann es einfach nicht lassen.

»Ist alles in Ordnung bei dir?«, fragt sie. »Du klingst so weit weg!«

»Ja, Mama!«, zische ich wieder. »Alles okay. Mir geht's gut, sitze im Zug. Alles bestens.«

»Kannst du bitte etwas lauter sprechen? Ich kann dich kaum verstehen! … Fünf Euro, ja. Beides zusammen. … Max, bist du noch dran?«

Aha, sie ist also noch auf dem Flohmarkt. Aber was zum Teufel will sie denn von mir?

»Ja, Mama!«, flüstere ich. »Ich bin noch dran. Kann jetzt nicht lauter sprechen, ist gerade ganz schlecht! Was gibt's denn? Irgendwas Wichtiges?«

»Nein! Nur zusammen, nicht einzeln! … Max? Was hast

du gesagt? Ich verstehe kein Wort! Sprich lauter! … Fünf Euro habe ich gesagt, nicht drei!«

Oje, diese armen Leute. Mama versteht einfach nicht, dass auf einem Flohmarkt gehandelt wird, das war schon immer so. Ich habe ihr bestimmt tausendmal zu erklären versucht, dass sie die Preise höher ansetzen soll, um sich dann dorthin herunterhandeln zu lassen, wo sie von Anfang an hinwollte. Aber keine Chance, dann würde sie sich wie eine Betrügerin vorkommen, sagt sie immer.

»Ob es was Wichtiges gibt, habe ich gefragt!«, zische ich ein bisschen lauter und schaue besorgt zu den Profis, wo sich zum Glück nichts regt.

»Nein, keine Sorge, nichts Wichtiges! Ich wollte nur … Momentchen, Max! … Wenn Sie wissen, dass Sie es woanders billiger kriegen, warum stehlen Sie mir dann hier meine Zeit? Gehen Sie doch gleich woanders hin! … Ja, Sie mich auch! … Unglaublich, manche Leute! Max? Hallo? Bist du noch dran?«

Oh, Scheiße, Guido hat sich bewegt, sein Kopf ging einmal hin und her. Uff, seine Augen bleiben geschlossen.

»Ja, Mama!«, zische ich wieder leiser. »Aber ich kann jetzt echt nicht reden! Ich rufe dich an, wenn ich angekommen bin, versprochen!«

»Ich wollte nur mal kurz hören, ob alles in Ordnung ist! Geht's dir gut? Wann bist du in Berlin?«

Oh Mann, das weiß sie doch ganz genau! Ich habe ihr extra einen Zettel schreiben müssen, mit allen Daten, Abfahrt, Ankunft, Valeries Adresse, Telefonnummer, steht alles drauf, deswegen muss sie ja wohl echt nicht anrufen! Ich bin inzwischen ziemlich erwachsen, Mama!

»Um Viertel vor vier!«, stöhne ich genervt. »Und ich ruf dich dann an! Alles okay hier, keine Sorge! Muss jetzt Schluss machen! Tschüss, Ma…«

»Was hast du gesagt? Ich kann dich wirklich kaum hören, Max!«

»Später! Ich ruf nachher an! Tschüss, Mama!«

»Max? Bist du noch …«

Nein, bin ich nicht mehr, ich lege auf. Tolles Gespräch, danke für den Anruf, Mama.

Ein Blick zu den Profis, Guidos Kopf zuckt wieder hin und her, die Augen immer noch geschlossen. Wahrscheinlich träumt er gerade von seiner nächsten großen Wette, einer Weltumsaufung.

Ich schalte mein Handy auf lautlos, um nichts zu riskieren, und stecke es zurück in die Tasche. Und wieder eine Gähnattacke. Nein, verdammt, jetzt nicht, später. Ich muss mich irgendwie ablenken. Genau, da war doch noch was.

Ich nehme den Laptop vom Nebensitz auf den Schoß und schalte ihn ein. Mist, macht der eigentlich immer so einen Lärm beim Hochfahren? Aber keine Reaktion bei den Profis, sehr gut.

So, wo war ich? Ach ja, die Mail, in der es zum ersten Mal körperlich wurde. Genau, das ist sie.

liebster max,

Stimmt, damit fing es nämlich schon an! Bis dahin hatte sie mich immer mit *lieber max* angesprochen und ich sie mit *liebe valerie* und jetzt stand da plötzlich *liebster* und ich fragte mich, ob das etwas zu bedeuten hatte und freute mich sehr darüber. Wobei sie mir diesbezüglich später noch schön einen reinwürgte, aber nur aus Spaß zum Glück. Diese Mail war allerdings grundsätzlich erst mal alles andere als spaßig.

liebster max,
heute war kein schöner tag ... ☹☹☹
es fing gleich heute morgen an, da habe ich mir den großen zeh an der bettkante gestoßen, das tat sauweh, und ich hatte da schon das gefühl, ich wäre besser im bett geblieben. dann in der schule die matheklausur zurückgekriegt, 3 punkte, obwohl ich echt viel gelernt hatte.
jetzt wird es sehr knapp, ich brauche unbedingt 5 punkte in mathe. dann, was war dann? ach ja, nach der schule bei katja gewesen, hat mal wieder einer mit ihr schluss gemacht, blöde männer!!! halt, was vergessen! in der zweiten pause mein nagelneues oberteil eingesaut, das weiße, von dem ich gestern erzählt habe. nur weil mich so ein depp angerempelt hat, als ich gerade cola getrunken habe, das ganze teil voller colaflecken, die gehen nie wieder raus! und jetzt komme ich gerade aus dem training, wo ich ausgerechnet gegen ilona, diese eingebildete kuh, beim sparring verloren habe, aber nur, weil ich ausgerutscht bin, weil ich angst wegen dem zeh hatte, der tut nämlich immer noch weh!!!
echt ein scheißtag, ein blöder ... ☹ ☹ ☹ ☹
na ja, wenigstens habe ich dich, das tröstet ein bisschen ... ;-) kannst du nicht mal kurz vorbeikommen und mich bitte ganz fest drücken, nur für einen moment??? das könnte ich jetzt wirklich brauchen!!!

**ich hoffe, dass du mir ganz schnell antwortest, das wäre
dann wenigstens ein lichtblick an diesem blöden tag!!!
tschüss,
valerie**

Oh Mann, bin ich das oder ist der Bildschirm wirklich ein
bisschen verschwommen? Das war eindeutig zu viel Bier, ich
muss mich tierisch konzentrieren, um nur geradeaus zu gucken. Aber egal, nach dieser Mail war ich jedenfalls sehr verwirrt, positiv verwirrt, um genau zu sein. Erst dieses *liebster*
und dann soll ich sie auch noch drücken und bin ein Lichtblick, das klang gut, das klang sogar verdammt gut für meine
Begriffe. Und ich hätte in diesem Augenblick nichts lieber getan, als ihrer Bitte Folge zu leisten und sie ganz fest zu drücken. Natürlich kamen mit der Freude sogleich die Zweifel
angetrabt. Hat sie das wirklich so gemeint mit dem Drücken
oder einfach nur gesagt, weil es ja sowieso nicht möglich ist?
Das galt es herauszufinden, und ich habe ihr natürlich sofort
geantwortet.

arme, arme valerie!
tut mir sehr leid, dass du so einen schlimmen tag
hattest ... ☹ ☹ ☹
dafür hast du meinen gerade absolut versüßt, schön zu
wissen, dass ich dein ›liebster‹ max bin ... ☺ ☺ ☺
ich hoffe, deinem zeh geht es schon besser!!! gebrochen
ist er ja wohl hoffentlich nicht, oder? das geht nämlich
ganz schnell, hatte ich auch schon mal.
mit mathe ist natürlich blöd, aber das schaffst du!!!

und wegen deinem oberteil frage ich mal meine mutter,
die kennt sich mit so was aus!
war ilona nicht die, die sich geweigert hatte mit kopf-
schutz zu boxen, wegen ihrer frisur? das nächste mal
haust du sie um!!!
konntest du katja denn ein bisschen trösten? und ich
will doch mal schwer hoffen, dass du mit ›blöde männer‹
nicht wirklich alle gemeint hast … ;-)
und jetzt fühl dich bitte ganz, ganz fest von mir
gedrückt, auch wenn ich es nur von hier aus machen
kann und leider nicht vor ort, was ich übrigens sehr
schön fände … ☺ ☺ ☺
ich bin den ganzen abend zu hause und würde mich über
eine weitere mail meiner liebsten valerie freuen … ;-)))
tschüss,
max

Oje, hoffentlich war das nicht zu viel, dachte ich, als ich auf
»Senden« geklickt hatte, aber da war es natürlich zu spät. Alles, was mir übrig blieb, war nun auf ihre Reaktion zu warten.
Ich ließ den Computer an und versuchte mich auf meinem
Bett liegend mit Fernsehen abzulenken, was aber nicht funk-
tionierte, da ich alle drei Sekunden auf den Monitor starren
musste. Und selbst wenn der Bildschirmschoner dann an-
sprang, schaute ich immer noch hin, hielt es aber nicht aus,
hüpfte jedes Mal vom Bett und ruckelte an der Maus, damit
er verschwand.

Ich weiß noch genau, es war exakt 20:37 Uhr, also über
eine Stunde später, als ihre Mail endlich auftauchte. Ich hech-
tete vom Bett an meinen Schreibtisch und öffnete sie.

> liebster max,
> natürlich bist du mein liebster max, ich kenne nämlich
> nur den einen ... ;-)

Autsch, das tat weh, trotz des Zwinkerns dahinter. Kein guter Anfang.

> es freut mich sehr, dass ich dir den tag versüßt habe,
> meine laune ist nach deiner mail auch erheblich
> gestiegen ... ☺ ☺ ☺

Das klang schon viel besser, so konnte es von mir aus gerne weitergehen.

> und selbst mein zeh tut nicht mehr ganz so schlimm
> weh. gebrochen ist er nicht, der vereinsarzt war beim
> training zufällig da und hat ihn sich angeguckt.
> wegen mathe kriege ich jetzt nachhilfe, eine bekannte
> meines vaters ist lehrerin und macht das sogar umsonst,
> finde ich total nett, auch wenn ich natürlich keine lust
> drauf habe ... ;-)
> das mit dem oberteil hat sich erledigt! mein vater sagt,
> colaflecken wären nicht so schlimm, er kriegt das raus.
> brauchst also nicht deine mutter fragen, trotzdem vielen
> dank für das angebot!!!
> ilona war übrigens auch die, die sich direkt vor dem
> training die fußnägel lackiert hat und dann barfuß
> trainieren wollte. ich weiß echt nicht, was die beim
> boxen verloren hat, die sollte es besser mal als model

versuchen, nein, geht ja nicht, dazu ist sie zu hässlich
... ;-)
katja, das ist so ein problem für sich. das war schon der
dritte dieses jahr. sie sucht sich aber auch immer solche
vollidioten aus. allzu fertig war sie jetzt aber nicht,
was zeigt, dass sie den typ auch nicht richtig geliebt
hat, was ich grundsätzlich schon mal bescheuert finde.
ich könnte nie mit jemandem zusammen sein, in den
ich nicht ernsthaft verliebt bin. aber das hatten wir ja
schon mal, siehst du ja genauso, was ich sehr schön
finde!!!
nein, mit »blöde männer« habe ich nicht alle gemeint,
nur fast alle! ich kenne zumindest einen, der es nicht
ist ... ;-)))
vielen, vielen dank fürs drücken!!! ich fühle mich jetzt
noch gedrückt und das ist sehr schön, könnte ich öfter
haben, auch gerne vor ort ... ☺ ☺ ☺
ich sitze übrigens die nächste stunde sowieso noch vor
dem computer an einem bio-referat über heuschrecken,
also falls du nichts besseres zu tun hast, darfst du mich
gerne davon abhalten!!!
tschüss & bis hoffentlich gleich,
valerie
ps: ich hoffe du kennst ganz viele valeries, damit ich
wirklich deine liebste valerie bin ...;-)))

Mein Herz schlug aufgeregt und zugleich erleichtert bis an
meinen Kehlkopf. Sie empfand mein Drücken nicht als übertrieben, ich bin also nicht zu weit gegangen. Sie hat es genau
so verstanden, wie ich es gemeint hatte, nicht mehr und nicht
weniger, genau richtig. Und sie ist darauf eingegangen, so wie

ich es gehofft hatte, besser noch sogar. Auch gerne vor Ort, das bedeutete, dass sie nichts dagegen hätte, wenn wir uns mal sehen! Und das, obwohl wir uns bisher nur per Mail kannten! Etwas Warmes kroch meinen Rücken herauf und verzog mein Gesicht zu einem einzigen breiten Lächeln. Ich wollte mehr davon, viel mehr, möglichst schnell, also musste ich ihr natürlich ganz dringend sofort antworten.

liebste valerie,
tja, pech gehabt, ich kenne auch nur eine valerie.
aber ich bin mir ziemlich sicher, selbst wenn ich noch
10 andere kennen würde, wärst du trotzdem meine
liebste ... ;-)

**< nein, mit »blöde männer« habe ich nicht alle gemeint,
nur fast alle! ich kenne zumindest einen, der es nicht
ist ... ;-)))**

vielen dank, ist mir eine ehre ... ☺ ☺ ☺

**< ich fühle mich jetzt noch gedrückt und das ist sehr
schön, könnte ich öfter haben, auch gerne vor ort ...**
☺ ☺ ☺

das freut mich ... ☺ ☺ ☺ ist das so was wie eine
einladung ...?
was machen die heuschrecken? ich halte dich gerne noch
weiter von ihnen ab ... ;-)))

tschüss,
max

Hoffentlich war das jetzt nicht zu kurz, dachte ich. Aber ich wollte sie ja nicht zu lange warten lassen und ebenfalls möglichst schnell selbst wieder eine Antwort. Die anderen Themen waren eigentlich alle abgehakt, Mathe, das Oberteil und alles, also hatte ich mich auf das Wesentliche beschränkt. Und wieder mal begann das Warten.

Ich … Verdammt, schon wieder mein Handy! Das ist bestimmt noch mal Mama, verflixt! Ich ziehe das vibrierende Teil aus meiner Hosentasche und schaue auf das Display. Papa, von zu Hause. Oh nein, was will der denn? Bestimmt auch nur fragen, ob alles in Ordnung ist. Da habe ich jetzt echt keine Lust drauf. Soll er später noch mal versuchen oder auf die Mailbox sprechen. Ich stecke das Handy wieder zurück in die Tasche.

So, wo war ich? Ach ja, ihre Antwort. Sie kam erfreulich schnell, schon nach sechs Minuten. Ich hab die ganze Zeit auf meine Uhr geguckt.

> **liebster max,**
> **die heuschrecken vermehren sich fleißig, im gegensatz**
> **zu meiner lust auf dieses referat. aber du lenkst mich ja**
> **schön davon ab, weiter so … ;-)))**
>
> < aber ich bin mir sicher, selbst wenn ich 10 andere
> kennen würde, wärst du trotzdem meine liebste … ;-)
>
> **spätestens jetzt ist dieser tag überhaupt nicht mehr**
> **blöd, das ist superlieb, danke schön … ☺ ☺ ☺**
>
> < vielen dank, ist mir eine ehre … ☺ ☺ ☺

hm, ich meinte eigentlich meinen vater. aber gut, hast ja recht, ich kenne also zwei männer, die nicht blöd sind ... ;-)))

< ist das so was wie eine einladung ...?

weiß nicht, würdest du denn gerne mal nach berlin kommen ...?

**bis gleich,
valerie**

Hm, eine gute, eine leicht gemeine und eine neutrale Antwort. Die neutrale beunruhigte mich ein bisschen. War ich da doch zu weit gegangen von wegen Einladung? War das zu aufdringlich? Wie sollte ich darauf reagieren? Rückzug oder alles auf eine Karte setzen? Viel Zeit zum Überlegen gab ich mir nicht, denn ich wollte sie ja nicht warten lassen.

Eigentlich hätten wir auch Chatten können, das wäre praktischer gewesen und hätte die Wartezeiten verkürzt, aber darauf kamen wir irgendwie beide nicht an diesem Abend. So war es jedenfalls unerträglich spannend und ich tippte ungeduldig meine Antwort, damit es schneller ging.

liebste valerie, wie vermehren sich denn heuschrecken?

< das ist superlieb, danke schön ... ☺ ☺ ☺

gern geschehen, stets zu diensten ... ;-)

< hm, ich meinte eigentlich meinen vater.

wie kann eine liebste valerie nur so fies zu ihrem liebsten max sein???

< aber gut, hast ja recht, ich kenne also zwei männer, die nicht blöd sind … ;-)))

okay, dann fühle ich mich zu 50 % geehrt … ;-)
< weiß nicht, würdest du denn gerne mal nach berlin kommen …?

klar, war noch nie da! aber nur, wenn eine gewisse liebste valerie mich dort am bahnhof erwartet!!!
du kannst natürlich auch gerne mal zu mir kommen.
warst du schon mal in münchen? du bist jedenfalls liebstens eingeladen, würde mich sehr freuen, wenn wir uns mal sehen könnten!!!
max

Alles auf eine Karte. Ist sie an einem Treffen interessiert oder werden wir uns für den Rest unserer Tage auf Anspielungen per Mail beschränken?

Ich fragte mich, warum mir das plötzlich so wichtig war. Aber das war nicht plötzlich, merkte ich. Sie war praktisch die letzten zwei Wochen immer irgendwie in meinem Kopf gewesen. Ihre Mails waren zum wichtigsten Tagespunkt geworden, ohne sie fehlte mir etwas, etwas Großes, was ich nicht mehr vermissen wollte. Natürlich tat die Tatsache, dass ich wusste, wie sie aussah, und mir das mehr als nur gefiel, für meinen Wunsch sie endlich zu treffen, ein Übriges. Aber das allein war es schon lange nicht mehr. Ihre Mails, was sie schrieb, wie sie dachte, ihr Witz, das alles war es, was mich dazu drängte, sie unbedingt treffen zu wollen. Und das hätte ich auch gewollt, wenn ich nicht gewusst hätte, wie wunderschön sie auch noch war. Aber ich weiß ganz genau, ich hätte mich nach all diesen Mails auch mit einer Wuchtbrumme getroffen, ohne zu wissen, ob sie vielleicht wirklich eine ist.

Da saß ich also und dachte nervös wartend, die nächste Mail, die auf diesem Monitor auftaucht, wird mein Leben verändern, was natürlich völlig übertrieben war, aber genau so empfand ich es in diesem Augenblick. Und da war sie!

Betreff: *splatter your girlfriend with semen!*

Wie bitte? Nein, das war nun absolut nicht die Richtung, in die sich mein Leben verändern sollte. Scheiß-Spam-Mails, verfluchte! Kommen immer genau dann, wenn man sie gar nicht brauchen kann, nämlich ständig.

Zum Glück blinkte kurz darauf Valeries Mail auf dem Monitor.

liebster max,
heuschrecken vermehren sich vor allem auf eine art:
sehr schnell ... ;-)

< wie kann eine liebste valerie nur so fies zu ihrem
liebsten max sein???

eine meiner leichtesten übungen, gewöhn dich schon
mal dran ... ;-)))

> < okay, dann fühle ich mich zu 50 % geehrt … ;-)

mach ruhig 100 draus, mein vater zählt in diesem fall dann doch nicht so richtig als mann, sondern rein als vater … ;-)))

> < du bist jedenfalls liebstens eingeladen, würde mich sehr freuen, wenn wir uns mal sehen könnten!!!

ja, mich auch. aber was hältst du davon, wenn wir vielleicht erst mal telefonieren und uns noch ein bisschen besser kennenlernen …?
bitte nicht falsch verstehen!!! ich glaube, ich mag dich jetzt schon sehr, aber ich finde, so was sollte man nicht überstürzen. und bevor einer von uns den weiten weg macht, wäre ich mir gerne etwas sicherer. verstehst du das?
valerie

Das war nun allerdings auch nicht gerade die Mail, die ich Leben verändernd erhofft hatte, im Gegenteil, das war eine ziemliche Euphorie-Bremse. Ich las sie noch mal. *Ich glaube, ich mag dich jetzt schon sehr*? Glauben heißt bekanntlich nicht wissen. Wenn man jemanden mag, dann weiß man das doch, dachte ich. So wie ich wusste, dass ich sie mochte, sehr sogar. Warum zweifelte sie, ob sie mich mochte? Hatte ich irgendetwas Falsches gesagt? Das mit der Einladung war wohl doch zu viel, zu direkt gewesen. Ich hatte sie erschreckt, so kam es mir jedenfalls vor. Aber ich wollte sie doch nicht erschrecken, ich wollte sie nur endlich richtig kennenlernen.

Ich las die Mail ein weiteres Mal auf der Suche nach etwas Positivem, an dem ich mich aufbauen könnte. Okay, ich zählte hundert Prozent als richtiger Mann, das war schon mal nicht schlecht. *Ich glaube, ich mag dich jetzt schon sehr.* Wieder dieser Satz. Wenn man das *Ich glaube* wegließ, war das eigentlich ziemlich positiv, vor allem das *sehr.* Und im Grunde genommen hatte sie ja Recht, von wegen, dass man so was nicht überstürzen sollte, das war nur vernünftig, auch wenn es natürlich sehr nüchtern klang, aber so ist das wohl immer mit der Vernunft. Konnte ich ihr vorwerfen, dass sie sich etwas sicherer sein wollte? Nicht wirklich, vor allem, weil sie sich ja *gerne* etwas sicherer sein wollte.

Alles in allem war diese Mail also gar nicht so schlecht, wie ich sie beim ersten Mal Lesen empfunden hatte. Und ich hatte sie schon viel zu lange auf eine Antwort … Oh, Mann, schon wieder das Handy! Wer ist denn das jetzt? Bestimmt noch mal Papa. Nein, eine SMS, kann nicht Papa sein. Mama? Was will die denn schon wieder?

ruf papa an! dringend!

Jaja, mach ich, sobald die Profis wieder wach sind. Wird schon nicht wirklich so dringend sein. Wahrscheinlich ist ihm noch etwas eingefallen, was ich mir in Berlin unbedingt angucken soll. Die ganzen letzten Tage hat er mir irgendwelche Sehenswürdigkeiten aufgezählt, samt geschichtlicher Bedeutung und Jahreszahlen und so weiter. Er ist ein absoluter Geschichtsfreak, im Gegensatz zu mir. Mich langweilt das meistens zu Tode. Natürlich werde ich mir ein paar Sachen angucken, aber nur, wenn Valerie sie mir zeigt, schließlich fahre ich einzig und allein ihretwegen nach Berlin und nicht um mir alte Häuser anzugucken.

Wo war ich? Ach ja, meine Antwort.

> liebste valerie,
> ja, das verstehe ich, sehr gut sogar.
> ich wollte dich auch nicht erschrecken oder irgendwas
> überstürzen. ich habe nur irgendwie das gefühl, als
> würden wir uns schon ewig kennen und darum erschien
> es mir als ganz normal und selbstverständlich, dass wir
> uns endlich auch mal sehen. aber du hast recht, lass uns
> erst mal telefonieren, würde mich sehr darauf freuen ...
> ☺ ☺ ☺
>
> wie wär's mit morgen ...?
> max

Am liebsten hätte ich natürlich sofort zum Telefon gegriffen,
aber das wäre dann wahrscheinlich auch wieder überstürzt
rübergekommen. Nein, schön langsam, zügelte ich mich. Lass
sie das Tempo bestimmen, das ist besser.

Exakt sechs Minuten später kam ihre Antwort.

> **liebster max,**
> **ich dachte schon, du wärst sauer, weil es so lang**
> **gedauert hat, bist du ja aber nicht, zum glück ...**
> **☺ ☺ ☺**
>
> < ich wollte dich auch nicht erschrecken
>
> **hast du auch nicht! das kam nur ein bisschen**
> **überraschend, nicht schlimm!!!**

> < ich habe nur irgendwie das gefühl, als würden wir uns schon ewig kennen
>
> **< ja, geht mir auch so und das finde ich sehr schön ...** ☺ ☺ ☺
>
> < aber du hast recht, lass uns erst mal telefonieren, würde mich sehr darauf freuen ... ☺ ☺ ☺
>
> **klar habe ich recht, ich habe schließlich immer recht, müsstest du doch so langsam wissen ... ;-)))** **ich würde mich auch sehr freuen, bin schon ganz gespannt auf deine stimme!!! morgen wäre ok, so nachmittags gegen 4 vielleicht?**
>
> **valerie**

Und da war sie wieder, die Euphorie. Das klang doch alles wieder sehr positiv. Wir würden telefonieren, gleich morgen, und sie war schon ganz gespannt auf meine Stimme, was konnte ich mehr verlangen? Wobei mir das mit meiner Stimme gleichzeitig ein bisschen Sorgen machte. Ich mag meine Stimme nämlich nicht, zumindest nicht, wenn ich sie höre, ohne selbst zu sprechen, wie auf dem Abi-Abschluss-video, das wir gemacht haben, das war ganz grausam. Ich war für die Interviews mit den Lehrern zuständig, und als ich das Video bei der öffentlichen Vorführung am Abend der Abi-feier zum ersten Mal fertig sah, wollte ich am liebsten im Boden versinken. Das hörte sich überhaupt nicht nach mir an, es klang total fremd und irgendwie alles andere als gut, eine Mischung aus fiepsig und krächzend, jedenfalls nicht so, wie ich meine Stimme normalerweise wahrnahm. Ich schaute mich panisch um, ob sich nicht alle schlapplachten und dabei auf mich zeigten, und tatsächlich, viele lachten auch, aber nur über das Video und meine Interviews, nicht über meine Stimme, die hörte sich nämlich ganz normal an, wie mir einige hinterher bestätigten, so wie ich eben sprechen würde. Na, perfekt, dachte ich. Ich spreche wie eine kettenrauchende Maus.

Und weil ich das an diesem Abend immer noch dachte, las ich mir Valeries letzte Mail noch einmal selbst laut vor, um zu hören, ob ich ihr meine Stimme am nächsten Tag wirklich würde zumuten können, ohne mich komplett lächerlich zu machen. Dabei variierte ich meine Tonlage rauf und runter, was sich allerdings total verstellt und erst recht bescheuert anhörte. Ach, was soll's, beschloss ich schließlich. Andere haben ja auch keine Probleme mit meiner Stimme, wahrscheinlich bilde ich mir das sowieso nur ein. Davon würde ich mich jedenfalls nicht abhalten lassen, mit Valerie zu telefonieren, dazu freute ich mich viel zu sehr drauf. Und außerdem, wer weiß, was sie für eine Stimme hat. War mir das überhaupt wichtig? War ich genauso darauf gespannt, ihre Stimme zu hören? Oder hatte ich irgendwelche Erwartungen, was ihre Stimme betraf? Nein, eigentlich nicht, über Stimmen hatte ich bei Mädchen noch nie nachgedacht. Die Stimme meiner Ex? War anscheinend normal, ist mir jedenfalls nie negativ aufgefallen. Doch, eine gab es mal, ein Mädchen aus meiner Klasse in der Mittelstufe, Andrea, glaube ich, die hatte eine ganz, ganz fiese Stimme, irgendwie total schrill. Ich weiß noch genau, wie sie mal ein Deutschreferat hielt und ich hinterher plötzlich Zahnschmerzen hatte. Diese Stimme lag irgendwie auf einer Frequenz, die tatsächlich körperliche Schmerzen verursachte.

Aber die Wahrscheinlichkeit, dass Valeries Stimme bei mir Zahnschmerzen hervorrufen könnte, rechnete ich als nicht sehr hoch ein, also gab es absolut keinen Grund, nicht mit ihr zu telefonieren.

liebste valerie,
nein, war nicht sauer, nur ein bisschen besorgt, dich erschreckt zu haben.

< hast du auch nicht! das kam nur ein bisschen überraschend, nicht schlimm!!!

dann bin ich beruhigt ... ☺ ☺ ☺

< klar habe ich recht, ich habe schließlich immer recht, müsstest du doch so langsam wissen ... ;-)))

stimmt, jetzt wo du's sagst fällt es mir auch wieder ein ... ;-)))

< ich würde mich auch sehr freuen, bin schon ganz gespannt auf deine stimme!!!

erwarte bloß nicht zu viel, synchronsprecher werde ich mit sicherheit nicht ... ;-)))

< so nachmittags gegen 4 vielleicht?

ja, passt sehr gut. soll ich dich anrufen?
max

Keine drei Minuten später kam schon ihre Antwort.

> **liebster max,**
>
> **ja, ruf du mich an, ist besser, weil mein vater sowieso**
> **immer wegen der hohen rechnung meckert ... ;-)**
> **meine nummer ist 030/376634.**
>
> **jetzt muss ich mich aber wirklich noch an die**
> **heuschrecken machen, sonst wird das nie was ... ;-))**
> **freu mich auf morgen** ☺ ☺ ☺
>
> **gute nacht & schlaf schön,**
>
> **deine liebste valerie**

Meine liebste Valerie. Das klang verdammt gut, daran würde ich mich sehr gerne gewöhnen. Sie sich hoffentlich auch. Natürlich ließ ich es mir nicht nehmen, ihr noch einmal zu antworten.

Wenn sie schon immer Recht hatte, wollte ich doch wenigstens das letzte Wort behalten.

> liebste valerie,
> alles klar, ich rufe dich dann morgen um punkt 4 uhr an,
> freu mich drauf ☺ ☺ ☺
>
> dir auch eine gute nacht & träum nicht von heuschrecken
> ... ;-)))
>
> bis morgen dann,
> dein liebster max

Tja, genau so lief das ab. War schön, das mal wieder alles zu lesen. Und ich finde, es ist nicht festzumachen, wer da womit angefangen oder den ersten Schritt gemacht hat, das hat sich beidseitig entwickelt.

Von da an haben wir eigentlich nur noch telefoniert und höchstens mal gemailt, um neue Fotos auszutauschen. Jetzt gegen Ende waren wir bei mindestens dreimal täglich von zu Hause aus und zwischendurch immer wieder mal kurz per Handy oder SMS. Und meine Zuneigung zu ihr ist mit jedem Telefonat gestiegen.

Ach, Quatsch, Zuneigung, ich bin total in sie verliebt, so sieht's doch aus. Egal, wie blöd und unvernünftig sich das vielleicht anhört, und scheißt der Hund drauf, dass wir uns noch nie gesehen haben, ich bin in sie verliebt, das ist eben so und bleibt so, Punkt. Ich kann nur hoffen, dass sie zumindest annähernd genauso für mich empfindet. Richtig ausgesprochen haben wir es beide nämlich noch nicht, aber da ist etwas, auch bei ihr, das spüre ich ganz genau, sonst würde ich jetzt wohl auch nicht hier sitzen und zu ihr fahren. Wo genau diese kleinen bohrenden Zweifel herkommen, dass es doch irgendwie schiefgehen könnte, weiß ich leider auch nicht. Vielleicht einfach nur die Aufregung, sie endlich vor mir zu sehen? Ja, wahrscheinlich ist es das. Und ein bisschen Angst, doch etwas zu überstürzen, weil sie das nicht mag. Aber wir haben jetzt schon sehr oft darüber geredet, dass wir uns endlich mal treffen wollen, es hat nur zeitlich bisher nie gepasst, also dürfte sie das eigentlich nicht als überstürzt ansehen. Na ja, wird schon schiefgehen, ich freue mich jedenfalls sehr auf ihr überraschtes Gesicht, wenn ich nachher plötzlich …

»Auf die Brauerei!«, unterbricht mich eine leise nuschelnde Stimme.

Oh Shit, die Profis wachen wieder auf. Oder? Nein, anscheinend doch nicht, sie haben alle drei noch die Augen geschlossen. Aber wer hat dann eben …

»Auf die Brauerei!«, nuschelt es etwas lauter.

Das kam aus Guidos Mund, eindeutig. Seine Augen sind immer noch geschlossen und sein Kopf zuckt mit einem breiten Grinsen auf den Lippen hin und her. Er träumt wohl, und es scheint ein schöner Traum zu sein, zumindest für einen Profi-Säufer.

»Auf die Brauerei!«, wiederholt er selig schlummernd.

»Auf die Brauerei!«, stimmt Günni ebenfalls schläfrig nuschelnd mit ein.

»Auf die Brauerei!«, sagt jetzt auch Ralle und hebt sogar kurz seinen Becher vom Bauch in die Luft.

Sensationell, diese Jungs träumen sogar das Gleiche, das nenne ich Teamgeist.

Ich muss mich beherrschen nicht laut loszulachen, als ich sehe, wie Ralle mit immer noch geschlossenen Augen seinen Becher erneut anhebt und an den Mund führt. Er kippt den Becher und fängt an ins Leere zu schlucken, bis sich seine Stirn verstört in Falten legt. Er öffnet blinzelnd die Augen und starrt in den leeren Becher.

»Scheiße«, flucht er. »Is ja alle. Hey, Männer! Wo bleibt der Nachschub?«

Oh nein, bitte nicht! Nicht die Kollegen wecken! Dann muss ich auch wieder ran und ich kann echt nicht mehr!

Zu spät, Guido und Günni erwachen blinzelnd und schauen irritiert von einem zum anderen.

»Wo sind wir?«, fragt Günni.

»Keine Ahnung«, antwortet Ralle. »Aber mein Bier ist alle.«

»Bayern?«, verzieht Guido grübelnd das Gesicht und wirft einen zweifelnden Blick auf mich. »Nein, da waren wir gestern, oder? Thüringen? Ja, genau. Wir sind auf dem Weg nach Thüringen, Männer.«

»Hallo?«, beschwert sich Ralle. »Scheißegal, wo wir sind, mein Bier ist alle!«

»Ja, ja, ist ja gut, reg dich ab!«, stöhnt Guido und rüttelt sich wach. »Nachschub kommt sofort, ist genug für alle da.«

Da ich ahne, was gleich folgt, krame ich schnell mein Handy aus der Tasche. Jetzt ist der richtige Zeitpunkt, um Papa zurückzurufen. Wer telefoniert, kann nicht trinken und auch nicht gefragt werden, ob er noch ein Bier möchte.

Ich drücke die Nummer von zu Hause, es klingelt, während Guido schon wieder damit beginnt, die Becher zu füllen.

Geh ran, Papa! Schnell! Ich denke, es ist dringend!

Zwischen Jena und Saalfeld, 11:30

»Nein, ich rufe dann einfach später noch mal an. Oder ich probiere es gleich mal auf dem Handy … Und Sie sind sich sicher, dass er noch auf dem Flohmarkt ist? … Ja, danke, Ihnen auch noch einen schönen Tag. Tschüss, Herr Richter! … Nein, bestimmt nicht … Ja, Tschüss!«

Hm, komisch, so habe ich Max' Vater noch nie erlebt. Ob da was faul ist? Normalerweise ist er immer total souverän und eher geradeaus, wenn ich ihn mal am Telefon habe. Warum hat er bloß eben so herumgedruckst, als ich gefragt habe, ob Max schon wieder vom Flohmarkt zurück ist? Es kam mir so vor, als wüsste er gar nichts vom Flohmarkt, er musste sehr lange überlegen, bis er darauf kam. »Ach so … ja … genau … der Flohmarkt … stimmt ja.« So in etwa hat es sich angehört, wie ein sehr unsicherer Zeuge in einem Mordfall, der jemandem aus Liebe oder Freundschaft ein Alibi verschaffen will. Aber wozu bräuchte Max schon ein Alibi? Eine andere Frau? Nein, das glaube ich nicht, so was würde er nie machen. Oder doch? Was weiß ich denn schon? Was, wenn er ein fantastischer Lügner ist und die ganze Zeit über eine andere Freundin hat? Oder zwei? Oder drei? Wäre schließlich nicht unmöglich, ich bin ja weit genug weg und kriege nicht wirklich mit, was er den ganzen Tag so treibt. Rein theoretisch kann er mir viel erzählen. Vielleicht geht er ja gar nicht zweimal die Woche zum Eishockey-Training.

Vielleicht spielt er noch nicht mal Eishockey. Vielleicht spielt er nur mit mir! Nein, das kann nicht sein, so sehr täusche ich mich nicht in jemandem, auf keinen Fall, da kann er noch so gut lügen. Und Max lügt nicht. Aber warum hatte ich dann eben bei seinem Vater irgendwie den Eindruck, als würde er mir etwas verheimlichen? Dazu gibt es doch überhaupt keine Veranlassung. Er mag mich, hat Max gesagt, und ich hatte auch bisher noch keinen Grund, das nicht zu glauben, denn am Telefon war sein Vater immer sehr nett zu mir, hat mich auch ab und zu mal gefragt, wie es mir gehe und was es so Neues gäbe, echt nett und überhaupt nicht abweisend oder kurz angebunden, so wie Eltern oft sind, wenn man bei Freunden anruft. Warum also dann eben dieses Rumgedruckse? Irgendetwas muss da doch faul sein, das spüre ich ganz genau. Na wartet, das kriege ich schon raus. Ich rufe Max jetzt einfach auf dem Handy an und …

»Entschuldigung, ist hier noch frei?«

Ich blicke auf und sehe eine alte Frau im Gang stehen, die auf den Sitz mir gegenüber zeigt.

»Äh … ja«, antworte ich etwas abwesend und widme mich wieder meinem Handy.

»Das ist sehr liebenswürdig, vielen Dank«, sagt sie und schiebt sich ächzend auf die Bank.

»Keine Ursache«, lächle ich sie kurz an. Wobei ich eigentlich nicht verstehe, warum sie sich bei mir bedankt, denn ich habe ja schließlich nichts getan, was einen Dank erfordern würde. Ist ja nicht so, dass das mein Platz wäre und ich somit etwas aufgegeben hätte. Aber egal, zurück zu meinem Handy, ich muss …

»Puh, das war ganz schön knapp«, stöhnt die alte Frau und zwinkert mir zu. Sie zieht ein Taschentuch aus ihrer Rocktasche und wischt sich damit über die Stirn.

Ich frage mich für einen ganz kurzen Moment, was denn so knapp war, schüttle meine Neugier aber gleich wieder ab. Geht mich ja schließlich nichts an. Und außerdem muss ich jetzt unbedingt Max anru…

»Der Schaffner ist doch schon durch hier, oder?«, sieht sie mich fragend an.

»Äh … wie bitte?«, schau ich von meinem Handy auf.

»Der Schaffner«, sagt sie. »Der war doch gerade hier, oder?«

Der Schaffner? Keine Ahnung, lange keinen mehr gesehen, oder nicht drauf geachtet.

»Weiß nicht«, zucke ich mit den Schultern. »Kann sein.«

»Doch, doch«, sagt sie. »Der muss hier gewesen sein. Ich habe ihn aus dieser Richtung kommen sehen.«

»Dann wird's wohl so sein«, sage ich und nehme einen erneuten Anlauf mit dem Handy.

»Wissen Sie«, senkt die Frau ihre Stimme und beugt sich zu mir über den Tisch. »Nicht, dass Sie denken, ich mache das immer.«

Wie bitte, was? Wovon redet diese Frau eigentlich die ganze Zeit? Muss ich das verstehen? Kann es vielleicht sein, dass sie ein bisschen verwirrt ist? Soll ja vorkommen bei älteren Leuten. Ich habe jedenfalls keine blasse Ahnung, was sie eigentlich von mir jetzt will.

»Nein«, sage ich, weil mir nichts anderes einfällt. »Keine Sorge, das denke ich nicht.«

»Ich mache das ja auch bloß, weil Alfred über eine rote Ampel gefahren ist.«

Okay, das reicht, das hält ja nicht mal die schwächste Neugier aus. Ich lege mein Handy beiseite und rücke der Frau ein Stück entgegen.

»Wer ist über eine rote Ampel gefahren?«, frage ich mit ebenfalls gesenkter Stimme.

»Na, Alfred«, antwortet sie. »Mein Ältester. Aber er behauptet ja steif und fest, sie war noch gelb.«

»Das behauptet wohl jeder«, sage ich.

»Sie haben ihm ein Foto geschickt, als Beweis. Und jetzt ist der Führerschein weg, für einen ganzen Monat.«

»Aha, verstehe«, nicke ich, obwohl ich immer noch nicht kapiert habe, worum es eigentlich geht.

»Das wusste ich«, lächelt sie mich an, schnappt sich meine linke Hand und tätschelt sie. »Die jungen Leute heutzutage sind viel verständnisvoller, als immer behauptet wird. Ich habe das gleich an Ihrem Gesicht gesehen. Gerda, habe ich gedacht, dieser hübschen jungen Frau kannst du es ruhig erzählen, sie wird dich nicht dafür verurteilen.«

Wie jetzt, verurteilen? Wofür denn verurteilen? Dafür, dass ihr Sohn über eine rote Ampel gefahren ist? Dafür kann sie doch nichts. So langsam bin ich mindestens so verwirrt, wie sie es offensichtlich zu sein scheint. Obwohl, sie hat mich als hübsch bezeichnet, ganz so schlimm kann es also nicht sein. Trotzdem kann ich nichts anderes tun, als sie mit zweifelndem Gesicht fragend anzugucken.

»Und«, fährt sie fort, »es wäre ja auch gar nicht erst so weit gekommen, wenn Regine ihn nicht verlassen hätte. Dieses undankbare Frauenzimmer. Aber ich hatte ihn ja von Anfang an vor ihr gewarnt. Das ist keine gute Frau, Alfred, habe ich gesagt. Und jetzt ist sie weg, einfach so, von heute auf morgen.«

»Ihr Sohn ist über eine rote Ampel gefahren, weil ihn seine Frau verlassen hat?«, frage ich, weil ich immer noch nicht durchblicke.

»Nein, nein, das war doch erst über einen Monat später. Aber Regine hatte ja auch einen Führerschein, und wenn sie noch da wäre, hätte sie mich ja abgeholt und ich müsste mich nicht auf meine alten Tage noch auf so ein Abenteuer einlassen. Aber was wäre ich denn für eine Mutter, wenn ich meinen Sohn nicht an seinem 50. Geburtstag besuchen würde?«

Also, entweder fährt der Zug gerade ganz schnell im Kreis, oder es ist nur mein Kopf, der sich so rasend dreht. Ich werde einfach nicht schlau aus ihrem Gerede. Ihr Sohn hat also zuerst seine Frau und dann seinen Führerschein verloren, und sie fährt ihn besuchen, weil er heute 50 wird. Wo liegt jetzt eigentlich das Problem?

»Natürlich weiß Alfred nichts davon, dass ich schwarzfahre«, kichert sie.

Wie bitte? Das glaub ich jetzt ja wohl nicht. Nie im Leben. So jemand fährt doch nicht schwarz! Ich meine, das ist … Diese Frau könnte meine Oma sein!

»Sie … Sie haben keinen Fahrschein?«, frage ich ungläubig.

»Natürlich nicht, Kindchen«, zwinkert sie mir zu. »Habe ich das nicht gesagt?«

Nein, hat sie nicht. Oder? Nein, definitiv nicht, das wüsste ich.

»Bei meiner kleinen Rente ist das nicht drin«, sagt sie. »Aber noch mal mache ich das bestimmt nicht, das ist viel zu viel Aufregung. Eben musste ich mich auf der Toilette verstecken, als der Schaffner kam. Zum Glück traut man das einer Frau in meinem Alter nicht zu, sonst wäre er bestimmt misstrauisch geworden.«

Ich versuche mir meine Oma vorzustellen, wie sie sich auf der Toilette vor dem Schaffner versteckt, aber das geht irgendwie gar nicht. Omas fahren nicht schwarz und verstecken sich nicht auf Toiletten, das ist einfach unvorstellbar.

»Na ja«, sagt sie und lehnt sich in den Sitz zurück. »Es sind ja nur noch zwei Stationen, dann habe ich es geschafft.«

Sie öffnet ihre Handtasche und zieht Strickzeug hervor.

»Sie sind doch bitte so gut und werfen ein Auge auf den Gang?«, fragt sie und fängt an mit den Stricknadeln zu klappern. »Ich glaube zwar nicht, dass der Schaffner noch mal kommt, aber man kann ja nie wissen.«

»Äh, ja … Mach ich«, sage ich.

Ich kann das immer noch nicht richtig glauben. Da sitzt dieses Bild von einer Oma mir gegenüber, strickend und schwarzfahrend, das ist echt der Hammer. Ich meine, den Mut hätte ich nicht, und ich bin noch jung. Ich würde jede Sekunde sterben vor Angst, dass ich erwischt werde. Und sie sitzt einfach da und strickt in aller Seelenruhe. Das ist echt der Hammer.

Ich werfe einen Blick in den Gang, kein Schaffner zu sehen, gut. Ich lehne mich zurück, achte aber darauf, immer noch Sicht auf den Gang zu haben.

So, wo war ich noch gleich, als sie mich unterbrochen hat? Irgendwas wollte ich doch gerade machen, oder? Ach ja, stimmt, ich wollte Max anrufen, um rauszufinden, warum sein Vater so komisch am Telefon war. Ich könnte ihm eine SMS schicken. Nein, das ist zu blöd, was soll ich denn da reinschreiben? *Warum war dein Vater so komisch am Telefon?* Was soll er denn darauf antworten? Nein, ich muss schon mit ihm sprechen, das ist besser. Aber was mache ich in der Zwischenzeit? Ich hatte ja schon wieder Hunger, das Sandwich hat nicht lange vorgehalten. Habe ich vorhin nicht irgendwo einen Brezelverkäufer gesehen? Oh, ja, auf eine Brezel hätte ich jetzt echt Lust. Hoffentlich kommt der noch hier vorbei, ich kann ja nicht weg, Mist. Also, kein kulinarischer Zeitvertreib. Was dann? Lesen? Ich ziehe den Reiseführer aus meiner Tasche und versuche mich daran zu erinnern, wo ich stehen geblieben war. Lustlos blättere ich ein bisschen vor und zurück, ohne etwas zu finden, was mich länger auf einer Seite festhalten könnte. Eigentlich eine blöde Idee mit diesem Reiseführer. Den werde ich sowieso nicht brauchen, ich bin ja schließlich kein Tourist. Max wird mir schon zeigen, wo es etwas Schönes zu sehen gibt. Seufzend schiebe ich den Reiseführer zurück in meine Tasche.

Eine ganze Weile verbringe ich damit, einfach nur aus dem Fenster zu schauen und nebenbei mit den Fingern auf meinen Oberschenkeln zu trommeln. Jede Menge Landschaft saust an mir vorüber, Felder, Wiesen, ab und zu ein paar Bäume, Strommasten, die in abwechselnden Rhythmen an mir vorbeiziehen. Ich erinnere mich an ein Video, in dem die Landschaft in einem Zugfenster im Takt des Songs an einem vorbeirauschte. Wie hieß das noch gleich? Es war irgendwas Technomäßiges, oder Trance, keine Ahnung, jedenfalls tauchten Bäume oder Häuser oder eben Strommasten immer genau im Takt des Beats auf, was ich total faszinierend fand. Verflixt, wie hieß dieses blöde Lied nur? Ich schaue weiter aus dem Fenster und versuche in meinem Kopf eine Musik zu finden, die zu dem, was ich sehe, passen würde, finde aber dort draußen keinen passenden Beat. Diese blöde Landschaft hat einfach keinen Beat und das ärgert mich und im selben Augenblick muss ich über mich und meine abstrusen Gedanken schmunzeln.

Na gut, Landschaft. Wenn du schon keinen Beat hast, dann besorge ich mir eben selbst einen. Ich krame meinen Discman aus dem Rucksack und klappe ihn auf, um zu schauen, welche CD drinliegt. Ah, *Wir sind Helden*, sehr gut, genau das Richtige, um den Blick aus dem Fenster etwas schöner zu gestalten. Ich stöpsle mir die Hörer ins Ohr, skippe vor bis zur 10 und drücke Play.

Wir müssen nur wollen, wir müssen nur wollen …

Ich fange an stumm mitzusingen. Hörst du das, Landschaft? Du musst nur wollen!

Die nächsten drei Strommasten flitzen passend im Takt am Fenster vorbei. Na also, geht doch!

Zwischen Lichtenfels und Saalfeld, 11:35

»Papa? Ja, ich bin's, was gibt's?«

»Max? Na, endlich! Warum gehst du denn nicht dran?«

»Ging eben nicht. Was gibt's denn so Wichtiges? Mama hat mir eine SMS geschickt, ich soll dich dringend anrufen. Ist was passiert?«

»Valerie hat angerufen!«

Er sagt das in einem sehr theatralischen Ton, ungefähr so, wie der Wachmann eines wissenschaftlichen Labors in einem James-Bond-Film, der soeben von 007 aus seiner Betäubung geweckt wurde und festgestellt hat, dass ein tödliches Virus namens Killemall gestohlen wurde. *Valerie hat angerufen! Das Virus ist weg!*

»Ja, und?«, frage ich ruhig. »Was wollte sie?«

Oh nein! Guido hat meinen leeren Becher entdeckt! Er hält ihn mir mit fragender Miene entgegen. Ich schüttle vehement den Kopf. Er winkt grinsend ab und fängt an, ihn wieder aufzufüllen.

»Sie wollte dich sprechen!«, sagt mein Vater dramatisch. *Das Virus ist weg! Es ist ansteckend!* Natürlich wollte sie mich sprechen, was denn sonst? Sie hat wohl kaum angerufen, um eine Pizza zu bestellen.

»Ja, und?«, frage ich wieder und immer noch ruhig.

»Na, du warst doch nicht da!«, stöhnt mein Vater und sein

Tonfall hat jetzt etwas von einem Lehrer, der seinem Schüler zum tausendsten Mal beizubringen versucht, dass eins und eins zwei ist.

Guido drückt mir den vollen Becher in die Hand und stößt mit seinem kurz dagegen.

»Das weiß ich, Papa!«, sage ich, nicht mehr so ruhig, sondern etwas genervt, weil ich nicht kapiere, was er eigentlich will. »Ich sitze schließlich seit drei Stunden hier im Zug! Sag mir was, was ich noch nicht weiß, Papa!«

Ich nehme einen tiefen Zug von dem Bier, das mittlerweile etwas warm ist, aber immer noch verdammt gut schmeckt, wie ich feststelle.

»Warum hast du mir nicht gesagt, dass du offiziell auf dem Flohmarkt bist?«, fragt mein Vater. »So was muss doch abgesprochen werden!«

Oh verdammt! Hab ich das etwa nicht mit ihm abgesprochen? Ich dachte, ich hätte. Mama wusste Bescheid, das weiß ich ganz genau. Wahrscheinlich bin ich davon ausgegangen, dass sie es ihm erzählt, so wie sie ihm sonst auch immer alles erzählt, was mich betrifft. Aber das hat sie dann wohl vergessen, Mist. Oje, jetzt wird mir langsam klar, was passiert ist. Papa kann doch nicht lügen, konnte er noch nie, nicht mal ein harmloses Schwindeln kriegt er auf die Reihe. Und jetzt hat er sich bestimmt verplappert und Valerie alles verraten!

»Was hast du ihr gesagt?«, frage ich und trinke hastig noch einen Schluck. »Weiß sie jetzt, dass ich komme? Mensch, Papa! Hättest du nicht ein Mal den Mund hal…«

»Nein, nein!«, unterbricht er mich. »Keine Sorge! Das habe ich ganz souverän gemeistert, nur keine Angst! Sie hat keine Ahnung, dass du kommst!«

Ich atme erleichtert auf, obwohl ich ihm dieses »souverän gemeistert« nicht so ganz abnehme, aber egal, Hauptsache, meine Überraschung hat noch Bestand. Was ich jedoch immer noch nicht verstehe, ist, was jetzt eigentlich so dringend war.

»Dann ist ja alles in Ordnung«, sage ich. »Und warum sollte ich dich dann unbedingt anrufen?«

»Na, ich dachte, das interessiert dich!«

Oh Mann, ich hab's geahnt, das ist mal wieder typisch Papa. Viel Lärm um nichts, das macht er ständig. Ich wusste schon, warum ich nicht gleich zurückgerufen habe.

»Ja, schon«, antworte ich. »Aber so wichtig war das jetzt auch wieder nicht. Trotzdem, danke. Ich meld mich dann, wenn ich angekommen bin. Tschüss, Papa!«

Ich habe den Daumen bereits am Auflegen-Knopf, als ich ihn rufen höre.

»Halt, warte! Max? Bist du noch dran?«

»Ja«, sage ich genervt, weil ich merke, dass mir die drei Profis die ganze Zeit zugucken, also auch zuhören. »Was denn? Noch was ganz Dringendes?«

»Ich weiß ja nicht, ob das wichtig ist«, sagt mein Vater. »Aber es hörte sich so an, als hätte Valerie aus einem Zug angerufen.«

»Wie, aus einem Zug?«

»Kann natürlich auch eine S-Bahn gewesen sein. Aber es waren ganz eindeutig Zuggeräusche zu hören. Nicht, dass sie gar nicht da ist, wenn du kommst. Das wäre doch sehr ärgerlich. Wollte sie denn irgendwohin fahren?«

»Ja, zu ihrer Oma«, antworte ich nachdenklich. »Ist schon okay, alles in Ordnung. Danke, Papa. Tschüss.«

»Ja, tschüss, Max!«

Ich stecke das Handy ein und trinke einen Schluck Bier. Hm, etwas seltsam ist das schon, denke ich. Ich hatte Valerie so verstanden, dass sie mit ihrem Vater zu ihrer Oma fährt, und bin davon ausgegangen, sie fahren mit dem Auto. Sie hat nichts von Zug oder S-Bahn gesagt, oder? Nein, ich bin mir sicher, hat sie nicht. Und die Uhrzeit kommt mir auch ein bisschen komisch vor. Sie wollten morgens früh hinfahren und nach dem Mittagessen wieder zurück sein. Was macht sie also um halb zwölf in einem Zug? Da stimmt doch irgendwas nicht. Aber vielleicht hat sie ja gerade deswegen angerufen, um mir zu sagen, dass sich ihr Zeitplan verschoben oder verändert hat und dass wir deswegen heute erst später telefonieren können. Ja, das wäre eine Möglichkeit. Aber warum ruft sie dann bei mir zu Hause an, wo sie doch genau weiß, dass ich auf dem Flohmarkt bin? Okay, vielleicht dachte sie, ich wäre schon wieder zurück, Flohmarkt fängt ja immer sehr früh an. Aber warum hat sie dann, nachdem ich nicht zu Hause war, nicht auf dem Handy angerufen? Oder hat sie vielleicht? Ich krame mein Handy wieder heraus und gucke, ob ich einen Anruf verpasst habe. Nein, nichts. Sehr seltsam, das Ganze. Vorausgesetzt, mein Vater täuscht sich nicht. Am Ende waren das gar keine Zuggeräusche, könnte ja sein. Vielleicht hat sie von ihrer Oma aus angerufen und der Fernseher lief im Hintergrund, oder das Radio. Oder sie hat …

»Probleme?«, fragt Guido.

Ich nehme noch einen tiefen Zug Bier und stelle fest, dass mein Becher schon wieder leer ist. Verdammt, wann ist das denn passiert? Ich wollte doch eigentlich nichts mehr trinken.

»Weiß nicht«, seufze ich. »Könnte sein.«

»Also, eins steht fest«, sagt er grinsend und nimmt mir den Becher aus der Hand. »Egal, was für ein Problem: Kein Alkohol ist auch keine Lösung!«

»Genau!«, nickt Günni.

»So ist es!«, bekräftigt Ralle.

Ich muss hilflos zusehen, wie Guido meinen Becher wieder füllt und mir in die Hand drückt.

»Auf die Lösung!«, ruft er und streckt seinen Becher in die Luft.

»Auf die Lösung!«, stimmen die anderen beiden mit ein.

»Auf die Lösung«, stoße ich nicht sehr überzeugt dazu.

Alle drei nehmen einen kräftigen Zug, ich nippe nur einmal kurz, ich muss jetzt echt mal langsam machen, verdammt. Wo kippen diese Jungs das bloß alles hin? Unglaublich.

»Jede Wette«, sagt Günni und schaut mich dabei an. »Da steckt eine Frau dahinter, stimmt's? Wenn es Probleme gibt, steckt immer eine Frau dahinter. Ohne Frauen gäbe es nämlich überhaupt gar keine Probleme.«

»Da spricht jemand aus Erfahrung«, grinst Guido.

»Haha!«, lacht Ralle. »Das kannst du laut sagen!«

»Günni hat zu Hause nämlich ein ganz großes Problem«, erklärt Guido in meine Richtung. »Nicht wahr, Günni?«

»Na ja, komm«, sagt Günni. »So schlimm ist Suse nun auch wieder nicht. Sie kann ja auch ganz lieb sein, jedenfalls manchmal.«

»Ja, natürlich, stimmt schon, ganz lieb«, grinst Guido. »So wie neulich, als sie dir die Flasche über den Schädel gezogen hat, weil du den Klodeckel nicht runtergeklappt hast.«

»War nur 'ne Plastikflasche!«, sagt Günni verteidigend in meine Richtung. »Und fast leer! Suse ist schon in Ordnung, meistens.«

»Ja, genau!«, verschluckt sich Ralle fast. »Wie war das noch, als du ihr von der Wette erzählt hast? Was hat sie da nach dir geworfen? Den Kühlschrank?«

»Nein, den Staubsauger«, seufzt Günni. »Hat mich aber nur an der Schulter getroffen, halb so wild. Aber, ey, eure Frauen haben ja wohl auch nicht gerade Luftsprünge gemacht, als ihr denen von der Wette erzählt habt!«

»Aber hallo!«, sagt Ralle. »Ich durfte zur Übung gleich mal eine Woche auf der Couch pennen.«

»Silvia hat das eigentlich ganz locker genommen«, zuckt Guido mit den Schultern.

»Klar hat sie das!«, grinst Günni. »Die ist froh, dass du ihr mal zwei Wochen nicht auf die Nerven gehst!«

»Und das beruht absolut auf Gegenseitigkeit«, zwinkert Guido und hebt seinen Becher. »Auf unsere Frauen!«

»Auf unsere Frauen!«, stoßen die anderen zwei dazu.

»Auf eure Frauen«, seufze ich.

Und wieder nippe ich nur an meinem Bier. Wenn ich in dem Tempo weitermache, müsste ich gut eine Stunde damit durchkommen.

»Freundin?«, fragt Günni und schaut zu mir.

»Wie bitte?«, frage ich zurück, weil mir der Zusammenhang gerade fehlt.

»Das Problem. Geht's da um deine Freundin?«

»Weiß nicht«, antworte ich. »Ich meine, ich weiß noch nicht, ob sie wirklich meine Freundin ist.«

So wie ich noch nicht weiß, ob ich wirklich mit diesen

Jungs darüber reden will. Wie qualifiziert zu diesem Thema kann jemand schon sein, der sich mit Staubsaugern bewerfen lässt?

»Das ist allerdings ein Problem«, bemerkt Guido. »Fickbeziehung?«

»Nein, nein!«, erwidere ich heftig. »Nein, absolut nicht, im Gegenteil!«

»Aha, verstehe«, grinst Ralle. »Sie lässt dich nicht ran. Ist mir auch schon oft passiert.«

Was mich jetzt nicht unbedingt wundert.

»Nein!«, wehre ich seinen Gedanken ab. »Das ist es auch nicht! Wir haben uns nur noch nie gesehen.«

»Du hast eine Freundin, die du noch nie gesehen hast?«, fragt Guido skeptisch.

»Genau«, nicke ich. »Deswegen weiß ich ja auch noch nicht, ob sie meine Freundin ist. Wir werden uns heute zum ersten Mal sehen. Das hoffe ich jedenfalls.«

Vielleicht hat sie ja auch angerufen, um mir zu sagen, dass sie gestern einen ganz tollen und reichen Kerl kennengelernt hat und gerade mit ihm im Zug auf dem Weg in die Flitterwochen ist. Worst-Case-Szenario, nennt man das wohl. Nein, das glaube ich natürlich nicht wirklich, aber man sollte immer auf das Schlimmste gefasst sein.

»Hä? Kapier ich nicht«, sagt Ralle. »Hast du dir eine Russenbraut im Katalog bestellt, oder wie?«

»Die sollen gar nicht so schlecht sein«, bemerkt Günni. »Ullis Onkel hat das auch so gemacht und die Alte ist echt okay.«

»Klar!«, grinst Guido. »Weil er kein Wort versteht, wenn sie ihn anscheißt!«

»Nein, im Ernst!«, erwidert Günni. »Die sieht klasse aus und kann saugut kochen, war echt ein Glücksgriff.«

»Meine ist aber nicht aus dem Katalog«, fühle ich mich verpflichtet klarzustellen. »Und auch keine Russin.«

»Eine Thai?«, fragt Ralle. »Aus dem Internet? Die sollen auch ganz gut sein.«

Zum Glück hört hier gerade keine Frau zu. Das klingt irgendwie eher alles nach einer Fachsimpelei über vom Laster gefallene Digitalkameras oder ähnliches Schmuggelgut.

»Nein, auch keine Thai«, sage ich. »Überhaupt nichts in die Richtung.«

»Aber ihr habt euch noch nie gesehen?«, fragt Guido.

»Wir haben uns im Netz kennengelernt, zufällig, im Chat«, erkläre ich.

»Ach so«, sagt Guido. »Ey, Ralle! Hast du deine nicht auch aus dem Chat?«

»Nein«, grinst Günni. »Die hat er doch auf dem Flohmarkt gefunden.«

»Getroffen!«, wehrt sich Ralle. »Wir haben uns auf dem Flohmarkt getroffen, du Dumpfbacke! Das weißt du ganz genau! Kennengelernt haben wir uns auch im Netz, aber nicht im Chat, das lief über Kontaktanzeige auf einer Flirtline.«

»Genau«, grinst Günni. »Vollidiot sucht Monsterbraut!«

»Ey, komm!«, sagt Ralle. »So schlecht sieht sie jetzt auch wieder nicht aus!«

»Im Vergleich zu wem?«, kichert Günni. »Schorsch Dabbeljuh Busch?«

»Ha, ha, sehr witzig!«, frotzelt Ralle und wendet sich an mich. »Aber Fotos habt ihr schon ausgetauscht, oder?«

»Ja, klar«, nicke ich.

»Ist ja nicht jeder so blöd wie du«, grinst Günni wieder.

»Wir hatten auch Fotos ausgetauscht!«, zischt Ralle genervt.

»Klar!«, setzt Günni nach. »Sonst hättest du sie unter dem ganzen Gerümpel auf dem Flohmarkt ja nie erkannt!«

»So, jetzt reicht's!«, brummt Ralle und verpasst Günni einen kräftigen Schlag auf den Arm.

Günni boxt zurück und zwischen den beiden entwickelt sich ein kleines Gerangel.

»Hast du eins dabei?«, fragt mich Guido, von dem Treiben neben ihm gänzlich unbeeindruckt.

»Äh … Wie? Was dabei?«, frage ich zurück.

»Na, ein Foto von deiner Weiß-noch-nicht-Freundin.«

»Ach, so … ja, klar«, sage ich.

»Zeigen!«, fordert er grinsend, während Günni und Ralle sich immer wieder abwechselnd auf den Oberarm boxen und *Au!* schreien.

»Äh … klar … Moment«, sage ich, schnappe mir den Laptop vom Nebensitz und schalte ihn an.

»Oh, sorry«, sagt Guido. »Musst jetzt nicht so einen Akt machen. Ich dachte, du hättest eins im Portmonee.«

»Nein, nein«, erwidere ich. »Kein Problem, hab's gleich.«

Im Portmonee, genau. Gibt es etwas Alberneres als diese Fotos hinter Klarsichthüllen im Portmonee? Ich meine, manche Leute haben da sogar Bilder von ihren Hunden oder Katzen oder anderen Haustieren drin, was zur Hölle soll das? Der Laptop ist hochgefahren und ich gehe auf die Datei mit Valeries Fotos. Welches nehme ich denn? Ja, das allererste, das ist immer noch mit das beste.

Ich ziehe es auf Vollbild hoch und reiche den Laptop Guido rüber. Sofort hören Günni und Ralle auf, sich gegenseitig zu verprügeln, und rücken näher an den Laptop heran.

»Zeig her!«, sagt Günni.

»Will auch sehen!«, drängelt Ralle.

Sie betrachten das Foto, und es kommt mir wie eine Ewigkeit vor, bis sie ihre Köpfe wieder heben. Nicht, dass mir die Meinung von drei Profi-Säufern auf Deutschland-Tour irgendwie wichtig wäre, aber gespannt bin ich schon, was sie sagen werden.

»Nicht schlecht«, macht Guido den Anfang.

»Respekt«, sagt Günni und klopft mir auf die Schulter.

»Schöne Titten«, nickt Ralle.

Okay, das wollte ich jetzt nicht unbedingt hören, aber aus dem Mund eines Ralle ist das sicherlich als Kompliment anzusehen. Wobei ich mich allerdings schon frage, wie er darauf kommt, denn auf diesem Foto ist sehr wenig von ihrer Figur zu sehen, geschweige denn von ihren Brüsten.

»Wie heißt sie?«, will Guido wissen.

»Valerie«, antworte ich. »Sie ist siebzehn.«

»Auf Valerie!«, grölt Ralle und streckt seinen Becher in die Luft.

»Auf Valerie!«, stimmen Guido und Günni mit ein.

»Auf Valerie!«, kann ich endlich auch mal mit voller Überzeugung anstoßen.

Und selbstverständlich kann ich auf Valerie nicht bloß kurz nippen, sondern nehme drei tiefe Züge.

»Und wo ist jetzt das Problem?«, fragt Günni, als die Becher wieder abgesetzt und fast leer sind.

»Was für ein Problem?«, frage ich verwirrt zurück.

»Na, du hast doch vorhin, nachdem du telefoniert hattest, gesagt, dass es ein Problem gäbe. Ich meine, okay, ihr habt euch noch nicht live gesehen, aber dem Foto nach zu urteilen sehe ich da überhaupt kein Problem. Oder hast du ihr vielleicht ein falsches Foto geschickt? Das wäre dann allerdings ein Problem.«

»Nein, nein«, schüttle ich den Kopf. »Hab ich natürlich nicht. Sie weiß, wie ich aussehe, das ist es nicht.«

Komisch, warum zweifelt heute jeder daran, dass ich ihr ein echtes Foto geschickt habe? Vorhin ihre SMS, jetzt Günni, dabei bin ich nie auch nur auf die Idee gekommen, ihr ein falsches Foto zu schicken, von dem Cartman-Bild mal abgesehen, aber das war ja nur ein Witz.

»Es ist nur so«, fahre ich fort. »Ich will sie ja überraschen, sie weiß nicht, dass ich gerade zu ihr nach Berlin fahre. Und um sicherzugehen, dass sie auch zu Hause ist, wenn ich komme, habe ich mit ihr ausgemacht, dass ich sie heute Nachmittag zu Hause anrufe.«

»Macht Sinn«, nickt Guido.

»Eben. Und sie hat gesagt, sie wäre zwar heute Vormittag bei ihrer Oma, aber nachmittags auf jeden Fall wieder zurück und würde dann auf meinen Anruf warten.«

»Braves Mädchen«, grinst Günni. »So muss das sein. So gefällt es mir.«

»Jetzt hat sie aber ungefähr vor einer halben Stunde bei mir zu Hause angerufen, hat mir mein Vater gerade erzählt. Und es hätte sich so angehört, als würde sie in einem Zug sitzen oder einer S-Bahn, egal. Jedenfalls frage ich mich jetzt erstens, warum sie angerufen hat, und zweitens, wieso sie in einem Zug sitzt, wo sie doch eigentlich gerade bei ihrer Oma sein müsste, und das ist eben mein Problem. Versteht ihr, was ich meine?«

»Schon klar«, nickt Günni. »Du glaubst, dass sie dich bescheißt.«

»Hä? Wieso das denn?«, fragt Ralle.

»Na, ist doch klar!«, entgegnet Günni. »Schau mal, sie sagt, sie wäre bei ihrer Omma, ist sie aber gar nicht. Sie hat also gelogen. Und wann lügen Frauen? Wenn sie fremdpoppen, wann sonst? Das liegt doch klar auf der Hand.«

»Stimmt«, nickt Ralle. »Klingt logisch.«

Hey, jetzt fangt hier bloß nicht an, mir so was einzureden! Über diese Möglichkeit war ich längst hinweg und heilfroh drüber.

»Nein!«, winke ich vehement ab. »Auf keinen Fall! Das macht sie nicht!«

»Wieso bist du dir da so sicher?«, setzt Günni nach. »Ihr habt euch doch noch nie gesehen. Die Kleine kann doch in Berlin sonst was treiben, kriegst du in Bayern doch eh niemals mit.«

»Macht sie aber nicht!«, wehre ich ab. »Das weiß ich ganz genau!«

»Ach ja?«, lässt Günni nicht locker. »Und woher weißt du das so ganz genau?«

»Na, weil … Das weiß ich einfach! Das fühle ich eben! Ich vertraue ihr!«

»Oha!«, platzt Guido laut heraus. »Habt ihr das gehört, Männer? Gefühle-Alarm! Günni, schnell! Notfallplan einleiten! Wo ist das Gegenmittel!«

»Kommt sofort!«, brüllt Günni und macht sich an seinem Rucksack zu schaffen.

»Das muss schneller gehen!«, bellt Guido. »Dieser arme Teufel hat Gefühle! Das können wir nicht zulassen!«

»Auf keinen Fall!«, bellt Günni zurück und zieht etwas aus dem Rucksack, was eine gewisse Ähnlichkeit mit einer Spritze aufweist.

Quatsch, denke ich. Kann ja gar nicht sein.

»Hier, das Gegenmittel!«, sagt er und drückt mir das Teil in die Hand.

Ich schaue mir verdutzt an, was ich da in der Hand halte. Tatsache, das ist eine Spritze. Eine mit schwarz-rotem Papier umwickelte Plastikspritze mit einer roten Kappe. Was, zum Teufel, ist da drin?

»Und was ist mit uns?«, bellt Guido wieder. »Wir könnten uns angesteckt haben!«

»Stimmt auch wieder«, grinst Guido und zieht drei weitere Spritzen hervor.

Ich versuche unterdessen die sehr kleine Schrift auf meiner Spritze zu entziffern. *Wodka-Kirsch-Mixgeränk* steht da, und darunter *16 % Alc.*, aha, ein Schnaps also. Hatte ich etwas anderes erwartet? Nicht wirklich.

Die drei schrauben die roten Kappen ihrer Spritzen ab und feuern sie auf den Boden. Jetzt strecken sie die Spritzen in die Luft, sodass die Spitzen sich berühren, wie die Schwerter der drei Musketiere. Guido gibt mir ein Zeichen, dass ich dazu-stoßen soll, was ich auch tue.

»Lasst im Schnaps uns wühlen!«, brüllt er.

»Bis wir nichts mehr fühlen!«, brüllen die anderen beiden im Chor zurück.

Sie setzen die Spritzen an den Mund, ich mache es ihnen zögerlich nach und versuche dabei zu schnuppern, wie das

Zeug da drin riecht, vergeblich. Die drei drücken sich den Inhalt in den Mund. Na gut, Augen zu und durch. Ich drücke ebenfalls ab und das Zeug schießt auf meine Zunge. Süß ist der erste Eindruck. Sehr süß. Widerlich süß. Und im Schlucken dann bitter. Als der Nachgeschmack einsetzt, schüttelt es mich kräftig und mein Gesicht zieht sich zusammen, als hätte ich gerade in eine Zitrone gebissen. Den anderen geht es genauso, sehr beruhigend. Warum trinkt man bloß freiwillig das ganze Zeug, das solche Körperreaktionen hervorruft? Mein Gesicht ist immer noch nicht zur Normalform zurückgekehrt.

»Medizin muss bitter sein«, grinst mich Guido an

»Schon okay«, grinse ich gequält zurück. »Allerdings glaube ich nicht, dass mir das wirklich weiterhilft.«

Bäh, ich muss unbedingt diesen Nachgeschmack loswerden, und zwar schnell. Ich nehme hastig einen Schluck Bier und spüle damit meinen Mund aus, bevor ich schlucke. Ja, schon besser.

»Was genau ist denn jetzt eigentlich das Problem?«, fragt Ralle. »Das hab ich noch nicht so ganz kapiert.«

»Das Problem ist«, sage ich, »dass es sein könnte, dass Valerie heute spontan ihre Pläne geändert hat. Mein Vater hat gesagt, es hörte sich so an, als würde sie in einem Zug sitzen, obwohl sie eigentlich bei ihrer Oma sein sollte. Vielleicht hat sie sich ja spontan entschieden mit einer Freundin schwimmen zu gehen, bei dem schönen Wetter. Oder irgendwas anderes, keine Ahnung. Jedenfalls befürchte ich, dass sie nachher nicht da sein könnte, wenn ich vor ihrem Haus stehe, weil sie ja gar nicht weiß, dass ich komme. Das ist genau das Problem.«

»Tja«, schnalzt Guido mit der Zunge. »Da gibt es wohl nur eine Lösung: Du musst sie anrufen.«

»Ja, bleibt wohl nichts anderes übrig«, seufze ich. »Ich will mich nur nicht verraten. Was, wenn sie auch hört, dass ich in einem Zug bin? Dann ist vielleicht meine ganze Überraschung futsch.«

»Das Risiko musst du wohl eingehen«, sagt Guido. »Besser, als wenn sie vielleicht gerade übers Wochenende wegfährt, oder?«

»Ja, schon klar, verstehe«, seufze ich wieder. »Ich werde sie wohl besser anrufen. Aber erst mal muss ich ganz dringend wohin.«

Das viele Bier drückt mittlerweile nämlich extremst auf meine Blase. Und ich werde das unangenehme Gefühl nicht los, dass dieser Spritzen-Schnaps sich seinen Weg zurück suchen könnte, dieser eklige Geschmack kriecht immer wieder an meiner Kehle hoch.

»Das Klo war links?«, frage ich und verlasse nach einem Kopfnicken von Ralle das Abteil.

Jetzt aber schnell, der Druck wird immer stärker, ist schon an der Schmerzgrenze. Ich hangele mich schwankend durch den nächsten Wagen voran. Bin ich das oder schlingert der Zug so heftig? Ich halte kurz an und mir wird schummrig vor den Augen. Verfluchte Profis, das war eindeutig zu viel Alkohol für einen Amateur wie mich. Ich tapse vorsichtig weiter, bis ich an der Toilette bin. Wenn jetzt besetzt ist, bin ich geliefert, es ist echt kaum noch auszuhalten. Gott sei Dank, sie ist frei! Ich stürze hinein und öffne mit einer Hand bereits meine Hose, während ich mit der anderen noch die Tür abschließe. Jede Sekunde zählt, ich platze gleich. Klodeckel hochgeklappt, stehen oder sitzen? Mein Magen entscheidet sich komisch rumpelnd fürs Sitzen, nur für alle Fälle. Ich lasse meine Hose runter, etwas poltert auf den Boden, egal, gucke ich gleich nach, jetzt gibt es Wichtigeres, das keinen Moment Aufschub mehr duldet.

Gibt es etwas körperlich Erleichternderes, als diesen Druck loszuwerden? Ich meine natürlich auf alltäglicher und nicht sexueller Ebene. Das war wirklich höchste Eisenbahn und das auch noch in einem Zug.

Ich atme selig auf, während der Druck langsam nachlässt.

War da nicht noch was, das ich machen wollte? Ja, irgendwas war da. Aber was? Ich bin reingekommen, habe die Tür abgeschlossen, mich hingese... Ach ja, genau, etwas ist auf den Boden gescheppert! Ich schaue links neben mich, weil das Geräusch von dort gekommen war. Ah, mein Handy, das war es! Es muss mir beim Runterlassen aus der Hosentasche gerutscht sein. Ich beuge mich herunter und hebe es auf. Keine Schrammen, sehr gut.

Mein Magen rumpelt immer noch so komisch, ich bleibe besser noch ein bisschen sitzen. Ich schaue auf das Handy. Ich muss Valerie anrufen. Ich muss sicher sein, dass sie auch wirklich da ist, wenn ich komme. Das mit der Überraschung war vielleicht doch keine so gute Idee. Ich will sie heute endlich sehen, ich muss sie heute einfach sehen. Ich drücke ihre Nummer.

Zwischen Jena und Saalfeld, 11:42

Du bringst mich um, du bringst mich um Schlaf und Verstand.
Für dich geb ich dem Wahnsinn die Hand. Und Rand und Band
ziehn ohne mich aufs Land. Ich bin außer dir. Gar nicht hier.

Ich glaube, das ist das schönste traurige Lied, das ich kenne.
Das geht mir immer durch und durch, der Text, ihre Stimme, die
Art, wie sie singt, sie muss das geschrieben haben, als sie gerade
verlassen wurde, und jeder, der einmal verlassen wurde, weiß
genau, was sie meint. Und obwohl ich selbst noch nie verlassen
wurde, jedenfalls nicht so, dass ich demjenigen großartig nach-
getrauert hätte, weiß ich bei diesem Lied doch genau, wie es
sich anfühlt. Schon komisch, oder? Ich sitze hier im Zug in fröh-
licher Erwartung auf dem Weg zu Max und freue mich über ein
trauriges Lied, das vom Verlassenwerden handelt. Wie kann das
sein? Das passt doch eigentlich so überhaupt nicht zu meiner
Stimmung. Ich bin nicht traurig, im Gegenteil, trotzdem spule
ich das Lied zurück zum Anfang, um es noch mal zu hören, und
drehe es sogar ein bisschen lauter.

Ich stehe völlig neben mir. Nicht glücklich, weil nicht neben
dir. Und ich rufe dich nur an, um dich zu fragen: Kann es sein,
dass ich bei meinem letzten Besuch bei dir verlor, was ich jetzt
such? Ich fühl mich unwohl ohne …

Ich zucke zusammen, weil plötzlich eine Hand vor meinem
Gesicht herumfuchtelt. Es ist die Schwarzfahrerin, und sie sagt

irgendetwas, aber ich kann sie natürlich nicht hören. Ich zucke verständnislos mit den Schultern. Jetzt nimmt sie mein Handy und hält es mir vor die Nase. Oh, ein Anruf! Und es ist Max! Hektisch ziehe ich mir die Stöpsel aus den Ohren.

»Danke!«, sage ich schnell und drücke auf den grünen Knopf.

»Hallo, Max!«, sage ich freudig. »Das ist aber schön! Ich hab's vorhin auch bei dir probiert, aber zu Hause.«

»Hallo, Valerie! Ja, ich weiß, mein Vater hat es mir gesagt. Wie geht's dir? Alles in Ordnung?«

Komisch, er sagt das, als würde er sich um irgendetwas Sorgen machen, und zwar etwas Bestimmtes. Was soll denn bei mir nicht in Ordnung sein?

»Mir geht's gut«, antworte ich. »Warum?«

»Och, nur so. Ich dachte nur, weil du schon angerufen hast. Wir wollten doch eigentlich erst heute Nachmittag telefonieren.«

»Ja, ich weiß. Aber ich hatte so Lust, deine Stimme zu hören. Bist du noch auf dem Flohmarkt? Du klingst so dumpf. Was rauscht denn da so?«

»Bei mir rauscht nichts«, sagt er und seine Stimme wird noch eine Spur dumpfer. »Ich dachte, das kommt von dir. Ich bin in der Stadt, hab mich von meiner Mutter hier absetzen lassen, will noch ein bisschen einkaufen. Wo bist du denn?«

Seltsam, er weiß doch ganz genau, wo ich bin, oder besser gesagt, sein sollte. Er klingt fast so, als würde er etwas ahnen, aber das ist unmöglich, wie sollte er?

»Bei meiner Oma, hab ich doch gesagt, oder? Es gibt gleich Essen.«

»Und was rauscht da so bei deiner Oma? Es hört sich an, als wärst du irgendwo draußen.«

Mist, dieser blöde Zug! Kann der nicht mal für ein paar Minuten leiser fahren?

»Ich sitze auf der Terrasse!«, sage ich schnell. »Vielleicht schlechte Verbindung! Was …«

»VEREHRTE FAHRGÄSTE! IN WENIGEN MINUTEN ERREICHEN WIR SAALFELD AN DER SAALE! BITTE …«

Oh, verdammter Mist aber auch! Muss das ausgerechnet gerade jetzt sein? Ich lege hektisch meinen Daumen über das Sprechteil.

»Valerie?«, höre ich Max rufen. »Valerie? Was war das?«

Oh Mist! Was mache ich denn jetzt? Einfach auflegen? Nein, zu spät, das hätte ich gleich machen müssen. Warum kommen einem die guten Ideen bloß immer zu spät?

»Valerie?«, ruft Max weiter. »Bist du noch dran?«

Mensch, hört denn diese blöde Ansage nie auf? Es interessiert mich nicht, wohin ich wann in Saalfeld umsteigen kann!

»Valerie?«, gibt Max nicht auf. »Hallo, Valerie?«

Na, endlich, die Ansage ist fertig, wurde auch Zeit! Ich gebe das Sprechteil wieder frei.

»Ja, Max?«, rufe ich. »Max, kannst du mich wieder hören?«

»Valerie? Ja, ich höre dich! Was war denn …«

»Ich glaube, ich war einen Moment lang weg, kann das sein? Mein Handy spinnt anscheinend ein bisschen, tut mir leid, keine Absicht!«

»Aber das hörte sich eben an wie eine Ansage im Zug!«

Mist, er hat es gehört! Und auch noch erkannt, was es war! Was mache ich denn jetzt? Am besten leugnen, ja leugnen ist gut.

»Echt? Was denn? Eben gerade? Ich habe nichts gehört! Wahrscheinlich eine Funkstörung!«

»Aber mein Vater hat schon gesagt, es hätte sich angehört, als wärst du in einem Zug! Wo bist du Valerie? Ich muss das wissen, hörst du? Es ist ganz, ganz wichtig! Auch für dich!«

Sein Vater, natürlich! Daran hatte ich nicht gedacht. Und schon gar nicht damit gerechnet, dass er es merkt und Max gleich erzählt. Aber warum ist das jetzt so ausgesprochen wichtig und warum ausgerechnet für mich? Was für einen Unterschied würde es für Max machen, ob ich nun bei meiner Oma oder sonst wo in Berlin oder woanders bin? Versteh ich nicht.

»Valerie, bitte!«, fleht er mich an. »Du musst mir sagen, wo du bist!«

»Ja, aber … Aber wieso ist das denn so wichtig?«, frage ich vorsichtig.

»Weil … Na, weil es eben so ist! Du musst mir vertrauen, Valerie! Vertraust du mir?«

»Ja, natürlich!«, sage ich. »Klar vertraue ich dir, aber …«

»Dann musst du mir sagen, wo du gerade bist! Bitte, Valerie! Du wirst es auch nicht bereuen, versprochen! Du bist in einem Zug, stimmt's? Sag mir bitte, wo du hinfährst! Du fährst doch nicht etwa übers Wochenende weiter weg, oder? Valerie?«

Ich verstehe zwar immer noch nicht, wieso das so wichtig für ihn ist, aber okay, ich werde es ihm sagen. Er klingt so ernst, fast verzweifelt, also muss es tatsächlich irgendwie wichtig sein. Aber ganz so leicht mache ich es ihm jetzt nicht, immerhin geht meine große Überraschung dadurch verloren.

»Na gut«, seufze ich. »Ich sag es dir. Aber das wird nicht einfach für dich. Setz dich lieber, nur zur Sicherheit.«

Ich mache eine kleine Pause, um diese Ankündigung sacken zu lassen.

»Sitzt du?«, frage ich dann.

»Kann man so sagen«, antwortet er und ich glaube, ein feines Kichern in seiner Stimme gehört zu haben, das ich mir nun allerdings gar nicht erklären kann.

Aber egal, weiter im Text.

»Du hast Recht, Max. Ich sitze in einem Zug und ich fahre tatsächlich übers Wochenende weg, ziemlich weit weg, sogar.«

»Oh nein!«, stöhnt Max, und es klingt so, als würde er auf der Stelle zusammenbrechen. »Das … das kann nicht … Das geht doch nicht!«

Es folgt ein längeres Schweigen, das mir ein bisschen Angst macht. Vielleicht ist er jetzt ja wirklich umgekippt? Oh Gott, das wollte ich natürlich nicht! Ich wollte ihn doch nur ein bisschen auf die Folter spannen. Aber wieso reagiert er auch so heftig darauf? Das bringt mich noch völlig durcheinander.

»Max?«, frage ich zaghaft. »Alles in Ordnung? Ich wollte …«

»Wo … Wo fährst du denn hin?«, höre ich ihn fragen. »Und warum so plötzlich? Seit wann weißt du denn, dass du heute wegfährst? Warum hast du denn bloß nichts gesagt?«

Ich weiß, ich bin fies, aber die Versuchung, ihn noch ein bisschen zappeln zu lassen, ist einfach zu groß.

»Na ja, weißt du«, sage ich zögerlich, als hätte ich etwas zu beichten. »Ich wollte es dir ja sagen, aber ich wollte dich nicht so damit überfallen.«

»Wie, überfallen? Womit überfallen?«, fragt Max angespannt ungeduldig.

»Ach, weißt du, na ja, ich habe … da ist dieser total tolle Typ, den ich im Internet kennengelernt habe. Der ist superlieb und sieht auch noch absolut klasse aus und ich mag ihn sehr, sehr gerne und da habe ich mir gedacht, ich besuche ihn einfach heute mal spontan. Aber er weiß nichts …«

»Typ?«, unterbricht mich Max mit sich überschlagender Stimme. »Wie … was denn für ein Typ? Ich … ich dachte … ich meine … Was ist denn … also ich dachte, dass wir … Das … das geht doch nicht! Ich meine … ich dachte, dass du und ich … dass wir …«

Oje, da steht aber jemand mit beiden Füßen fest auf dem Schlauch. Das wollte ich natürlich nicht, ich war fest davon überzeugt, dass er es sofort kapiert. Wie kann er bloß allen Ernstes davon ausgehen, dass ich wirklich zu einem anderen fahre? Er muss doch wissen, dass ich ihn gemeint habe. So verwirrt und angespannt kenne ich ihn gar nicht.

»Er wohnt in München, Max«, sage ich.

»Auch das noch!«, stöhnt es am anderen Ende der Verbindung. »Aber warum … Ich verstehe das nicht … Wieso hast du mir …«

»Er heißt Max, Max«, unterbreche ich ihn.

»Wie, er heißt Max-Max? Was ist denn das nur für ein dämlicher … Oh!«

Na, endlich! Wenn dieser Groschen noch länger in der Luft gewesen wäre, hätte er wahrscheinlich Flügel bekommen.

»Genau, oh!«, sage ich.

»Du meinst …«

»Genau das meine ich.«

»Aber dann …«

»Du hast es erfasst.«

»Aber das bedeutet ja, dass …«

»Ich im Zug unterwegs zu dir nach München bin, genau das bedeutet es.«

»Nein!«

»Oh doch!«

»Aber … aber das geht doch nicht!«, überschlägt sich seine Stimme wieder.

Wie bitte? Was soll das denn jetzt bedeuten? Diese Reaktion hatte ich mir dann doch etwas anders vorgestellt.

»Und ob das geht!«, sage ich. »In dreieinhalb Stunden bin ich in München. Freust du dich denn gar nicht?«

»Nein!«, stöhnt er laut in den Hörer. »Ich meine, doch, klar, natürlich freue ich mich!«

»Aber?«, frage ich mehr als skeptisch.

»Aber ich würde mich noch viel mehr freuen, wenn ich nicht gerade auch im Zug sitzen würde! Ich wollte dich überraschen, Valerie! Ich bin auf dem Weg nach Berlin!«

»Quatsch, bist du nicht!«, platze ich laut heraus, sodass alle Umsitzenden mich erschreckt anstarren.

»Doch, ohne Scheiß!«, sagt Max.

»Nie im Leben!«, entgegne ich. »Du ziehst mich doch bloß auf, als Rache wegen eben!«

»Nein, ich schwör's, Valerie!«, bekräftigt er. »Ich bin gerade auf dem Weg zu dir! Oder eben nicht, wie es scheint! Das darf doch alles nicht wahr sein! Was machen wir denn jetzt?«

Er meint das wirklich ernst. Er sitzt tatsächlich im Zug nach Berlin. Das darf doch wirklich alles nicht wahr sein. Verdammt, ich muss nachdenken! Wie ist das bloß noch zu retten?

»Wo genau bist du jetzt, Max?«, frage ich.

»Na, im Zug!«, erwidert er. »Das musst du mir glauben, Valer…«

»Ja, ja, ich glaub dir ja!«, unterbreche ich ihn. »Aber wo genau ist der Zug jetzt? Was ist die nächste Haltestation?«

»Keine Ahnung, weiß ich nicht.«

»Was war denn die letzte? Weißt du das noch?«

Ich schnappe mir den Reiseplan, der auf dem Tisch liegt, und falte ihn auf.

»Max?«, frage ich, weil er nicht geantwortet hat. »Bist du noch dran?«

»Ja, klar! Ich überlege nur. Der letzte Bahnhof war … irgendwas mit Fels am Ende. Trichterfels? Irgendwie so ähnlich.«

»Lichtenfels!«, entdecke ich im Plan. »War es Lichtenfels?«

»Ja, genau!« bestätigt Max. »Das war es! Muss so vor einer Viertelstunde gewesen sein.«

»Okay, Augenblick«, sage ich und studiere den Plan. »Hab's gleich.«

»Was machst du denn?«, will Max wissen.

»Ich gucke nach, ob wir schon aneinander vorbeigefahren sind«, antworte ich. »Nein, sind wir nicht! Max, hör zu! Der nächste Bahnhof bei dir müsste Saalfeld sein, da musst du aussteigen!«

Ich merke, wie der Zug langsamer wird, und schaue aus dem Fenster. Oh, verdammt, das ist ja schon der Bahnhof.

»Hörst du, Max? Du musst in Saalfeld aussteigen! Ich warte dann da auf dich!«

»Bist du dir sicher?«

»Ja, absolut! Ich komme gerade in Saalfeld an! Steig da aus, okay?«

Der Zug bremst weiter ab und bleibt stehen.

»Hast du mich verstanden, Max? In Saalfeld aussteigen!«

»Ja, okay, mach ich!«, sagt er. »Aber …«

»Ich muss jetzt Schluss machen, Max!«, unterbreche ich ihn. »Sonst komme ich hier nicht mehr raus! Und lass bitte dein Handy an, ich melde mich bei dir, sobald ich draußen bin! Also, bis gleich, ja?«

»Ja, gut, bis gleich! Valerie?«

»Ich muss los, Max!«

»Das ist jetzt zwar alles ziemlich dumm gelaufen, aber ich freue mich trotzdem!«

»Ja, ich mich auch, Max! Ich muss jetzt auflegen! Bis gleich! Tschüss!«

Ich lege auf, stecke mein Handy ein, schnappe mir im Aufstehen meinen Rucksack über die Schulter.

»Viel Glück noch«, sage ich zwinkernd zu der alten Schwarzfahrerin und hechte los in Richtung des nächsten Ausgangs. Der Zug hat hier nur ganz kurz Aufenthalt, ich muss es schaffen! Hey, aus dem Weg da! Ich zwänge mich ziemlich rabiat durch eine gerade einsteigende Familie und werfe dabei fast den Vater um.

»'tschuldigung!«, rufe ich, ohne mich umzudrehen. »Ein Notfall!«

»Das sagen sie alle!«, brüllt er mir hinterher. »Rücksichtsloses Pack!«

Endlich, ich bin an der Tür! Nichts wie raus, geschafft!

Ich habe kaum den Bahnsteig betreten, als sich die Türen des Zugs schließen.

Puuh, das war knapp! Ich atme erleichtert durch und lasse den Rucksack von meiner Schulter auf den Boden gleiten.

So ganz fassen kann ich es immer noch nicht, das ging jetzt alles viel zu schnell. Aber etwas ist sehr klar und pocht laut von innen an meinen Brustkorb: Ich werde Max gleich sehen, sogar noch viel früher, als ich gedacht hatte! Und dieser Gedanke breitet sich in einem weiten Lächeln über mein Gesicht aus.

Zwischen Lichtenfels und Saalfeld, 11:51

Sie hat aufgelegt.

Ich sitze immer noch auf dieser Toilette und starre fassungslos mein Handy an. Ist das eben wirklich passiert? Das klingt doch alles vollkommen verrückt, oder? Valerie auf dem Weg zu mir, während ich nach Berlin fahre, das ist unglaublich. Aber schön. Wenn ich mir vorstelle, dass ich zu Hause gewesen wäre, und sie plötzlich vor mir gestanden hätte, ich wäre vor Freude wahrscheinlich geplatzt. Sie fährt extra von Berlin nach München, um mich zu sehen, jetzt besteht kein Zweifel mehr, sie mag mich wirklich. Und wir werden uns gleich treffen! Oh verdammt, sie hat gar nicht gesagt, wann ich in Saalfeld ankomme! Ich muss mich beeilen! Nicht, dass der Zug schon gleich dort ist und ich immer noch hier rumhocke.

Ich ziehe im Aufstehen hektisch meine Hosen hoch und mache sie zu. Schnell noch Hände waschen, das muss sein, schließlich werden sie Valerie gleich berühren, hoffe ich zumindest. Ein Blick in den Spiegel. Oh Scheiße, ich sehe ja total fertig aus! Waren meine Augen immer schon so klein? Diese verfluchten Profis mit ihrem blöden Bier aber auch! Ich schütte mir kaltes Wasser ins Gesicht und streiche meine Haare ein bisschen zurecht. Okay, schon besser. So könnte es gehen.

Ich öffne die Tür und blicke drei ziemlich grimmig drein-
schauenden Leuten mit verschränkten Armen entgegen.

»Oh, sorry!«, sage ich. »Mein Magen … schlechter Fisch …
Geht schon den ganzen Tag so … Nichts für ungut!«

Der Erste in der Schlange schiebt mich irgendetwas brum-
melnd beiseite, während die anderen beiden unruhig von
einem Bein aufs andere treten.

Jetzt aber schnell zurück ins Abteil. Dort angekommen
schiebe ich die Tür auf und kriege gleich als Erstes von Guido
einen neuen vollen Becher entgegengestreckt.

»Noch eine Minute länger und das Zeug wäre verdunstet«,
grinst er. »Muss schön sein auf dem Lokus, guck ich mir auch
gleich mal an.«

»Nein, danke!«, sage ich und schiebe seine Hand mit dem
Becher weg. »Für mich bitte nichts mehr! Sagt mal, weiß
einer von euch, wann genau wir den nächsten Halt haben?
Das müsste Saalfeld sein.«

»Da oben«, zeigt Günni auf das Gepäcknetz über meinem
Sitz. »Das müsste so ein Fahrplan sein, da steht alles drin.«

Ich schnappe mir das Ding, setze mich und falte es auf.
Saalfeld, Saalfeld, ja, da ist es, kommt nach Lichtenfels, per-
fekt. Ankunft 12:14 Uhr, jetzt ist es kurz vor, noch über eine
Viertelstunde Zeit, ich muss also keine Hektik machen.

»Ich dachte, du fährst nach Berlin?«, sagt Guido. »Was
willst du denn auf einmal in Saalfeld?«

»Na ja«, grinse ich. »Was soll ich in Berlin, wenn Valerie in
Saalfeld ist?«

»Hä? Kapier ich nicht«, sagt Ralle. »Du wolltest sie doch in
Berlin überraschen. Woher weißt du denn jetzt auf einmal,
dass sie in Saalfeld ist?«

»Ich habe gerade mit ihr telefoniert« antworte ich. »Und jetzt haltet euch fest: Sie wollte mich auch überraschen und sitzt im Zug Richtung München!«

»Echt? Ist ja abgefahren!«, sagt Günni.

»Allerdings«, stimme ich ihm zu. »Und jetzt ist sie gerade in Saalfeld ausgestiegen und wartet dort auf mich.«

Mein Handy meldet sich vibrierend aus der Hosentasche.

»Das ist sie!«, sage ich aufgeregt und gehe ran. »Ja, Valerie?«

»Hallo, Max! Ich bin da, ich bin in Saalfeld! War ganz schön knapp mit dem Aussteigen, hab's gerade noch so geschafft!«

»Super!«, sage ich. »Ich bin um 12:14 Uhr da!«

»Ich weiß! Hab gerade hier in den Plan geguckt! Oh Max, ich freu mich so, dass wir uns endlich, endlich sehen!«

»Ja, ich mich auch!«

»Schöne Grüße an die Süße!«, sagt Guido laut und zwinkert mir zu.

»Ebenfalls!«, sagt Günni.

»Von mir auch!«, sagt Ralle.

»Was?«, fragt Valerie. »Wer war das?«

»Dein Fanclub«, antworte ich die Jungs angrinsend.

»Mein was?«

»Erklär ich dir nachher. Sag mal, was …«

»Oh Mist!« höre ich Valerie über einen Piepton fluchen. »Max? Mein Akku ist gleich leer! Ich muss aufhören! Wir sehen uns gleich, ja?«

»Ja, okay! Bis gleich! Warte auf mich!«

»Wenn du in fünf Minuten nicht da bist, bin ich weg, verstanden? Tschüss, Max!«

»Ja, genau! Wag das nur! Tschüss!«

»Akku leer«, sage ich erklärend in Richtung der Jungs und stecke mein Handy wieder ein. »Oh, Mann, noch knapp zehn Minuten und ich sehe sie endlich! Ich kann's noch gar nicht richtig glauben.«

»Nervös?«, grinst Günni.

»Aber hallo!«, antworte ich.

»Dagegen hilft nur eins!«, sagt Guido und streckt mir wieder den vollen Becher entgegen.

»Nein, danke!«, winke ich fest entschlossen ab. »Echt nicht, das wäre eins zu viel!«

»Aber du weißt schon«, sagt er mit ernster Miene, »dass jedes Mal, wenn jemand ein Bier ablehnt, ein Bauarbeiter stirbt?«

»Nein«, lache ich. »Das wusste ich wirklich noch nicht!«

»Ist aber so«, nickt Günni ernst.

»Tja«, zucke ich mit den Schultern. »Dann wird wohl leider gleich einer vom Gerüst fallen. Sorry, aber ich will echt nichts mehr. Ich habe bestimmt jetzt schon eine Riesenfahne und das kommt bei Frauen selten gut an.«

»Oha!«, ruft Guido. »Männer, wir haben ein Fahnen-Problem! Und was machen wir in so einem Fall?«

»Die Fahne verbrennen!«, antwortet Günni zackig.

»Haargenau!«, nickt Guido und zeigt auf Ralle. »Nun, Herr Brandmeister, walten Sie Ihres Amtes!«

»Zu Befehl!«, sagt Ralle und zieht etwas aus seinem Rucksack hervor. »Hier, bitte schön!«

Er drückt Guido eine Packung *Fisherman's Friend Extra Strong* in die Hand und Guido fingert eins heraus und reicht es mir.

»Nimm dies, Fremder!«, sagt er theatralisch. »Und deine Fahne ist Vergangenheit! Aber lass den Mund zu, wegen der Stichflamme!«

Oha, ich kenne die Dinger, die sind echt höllisch scharf. Wie war das noch? Sind sie zu stark, bist du zu schwach? Egal, außergewöhnliche Situationen erfordern außergewöhnliche Maßnahmen, rein damit. Hauptsache, ich stinke nicht nach Bier, wenn ich vor Valerie stehe. Oder wir uns sogar küssen. Ja, ich will sie küssen, unbedingt. Hoffentlich traue ich mich dann auch. Und hoffentlich habe ich dann überhaupt noch eine Zunge. Mann, diese Dinger ätzen einem ja wirklich alles weg, mein kompletter Mundraum steht in Flammen. Jeder einzelne Geschmacksnerv in mir schreit gequält danach, das Teil auszuspucken und den Becher Bier zum Löschen runterzuspülen, aber ich reiße mich zusammen.

»Der Mann ist gut«, grinst Guido.

»Er hat schon Schweiß auf der Stirn«, bemerkt Günni.

»Ich weiß gar nicht, was ihr immer habt«, sagt Ralle. »Die Dinger sind doch voll harmlos, ich nehme immer gleich zwei auf einmal.«

»Schon klar, Ralle«, grinst Günni. »Aber in deinem Mund lebt ja auch nichts mehr, seit du damals Klorix getrunken hast.«

»Hey, das war ein Versehen!«, wehrt sich Ralle. »Und das weißt du ganz genau! Konnte ich doch nicht ahnen, dass meine Alte das Zeug in einer Flasche Hohes C aufbewahrt! Und getrunken hab ich schon mal gar nichts, hab's ja gleich gemerkt und ausgespuckt!«

»Ja«, grinst Günni wieder. »Und seitdem kannst du mit einer Flasche Tabasco gurgeln ohne rot zu werden.«

»Ach, Bullshit!«, entgegnet Ralle. »Ich schmecke alles noch ganz genau so wie früher. Ich bin nur nicht so empfindlich wie ihr Weicheier!«

Ob jetzt wirklich Flammen aus meinem Mund schießen, wenn ich ihn öffne? Es fühlt sich jedenfalls genau so an. Und das blöde Ding wird einfach nicht kleiner. Egal, da muss ich durch.

Ich schnappe mir meinen Laptop, schiebe ihn zurück in die Tasche und hänge sie mir um die Schulter.

»Männer, ich pack's mal!«, sage ich und stehe auf.

»Was denn, jetzt schon?«, fragt Guido und schaut auf seine Uhr. »Du hast doch fast zehn Minuten. Komm, einen kleinen Abschiedstrunk noch!«

Er hält mir wieder den Becher mit Bier hin.

»Nein, danke, echt nicht, sorry!«, lehne ich ab und greife mir meinen Rucksack. »Aber war echt sehr spaßig mit euch zu trinken, vielen Dank noch mal!«

»Keine Ursache«, grinst Guido.

»Jederzeit«, nickt Ralle.

»Vielleicht noch eine Spritze für den Weg?«, fragt Günni und greift schon in seinen Rucksack.

»Nein, nein, echt nicht, vielen Dank!«, winke ich vehement ab. »Ich hab mehr als genug! Macht's gut, Männer!«

»Ja, du auch!«, sagt Guido, während ich die Tür aufschiebe.

»Und viel Glück mit deiner Ische!«, zwinkert Ralle.

»Und wenn du mal in Köln bist, dann schau mal in der Pinte vorbei!«, sagt Günni. »Da sind wir meistens anzutreffen.«

»Eigentlich immer«, fügt Ralle hinzu.

»Alles klar, mach ich bestimmt!«, sage ich und trete rückwärts nach draußen. »Also, macht's gut! Und viel Spaß und Erfolg auf dem Rest eurer Tour!«

»Werden wir haben!«, grinst Guido und streckt seinen Becher in die Luft. »Auf die Tour!«

»Auf die Tour!«

Und zu die Tür.

Endlich draußen! Ich glaube, noch eine Stunde länger mit diesen Jungs hätte ich nicht überlebt. Erleichtert aufatmend mache ich mich auf den Weg durch den Wagen und stelle mich vor den ersten Ausgang, der mir begegnet. Ich schaue auf meine Uhr. Noch zehn Minuten. Zehn Minuten bis Valerie. Auf einmal geht alles so schnell. Ich fühle mich irgendwie unvorbereitet. Mein schöner Plan ist futsch, ich werde nicht auf der Straße vor ihrem Haus plötzlich neben ihr auftauchen und sie wird nicht aus allen Wolken fallen. Ob sie auch einen Plan gehabt hat? Oder wollte sie einfach nur mal bei mir klingeln? Wie lange wollte sie bleiben? Nur bis morgen oder übermorgen? Na ja, das kann ich sie ja alles gleich selbst fragen. Ein weiterer Blick auf die Uhr. Wie, jetzt? Immer noch fünf Minuten? Kann nicht sein. Doch, die Uhr funktioniert einwandfrei. Das werden wohl fünf sehr, sehr lange Minuten. Aber vielleicht muss das auch so sein. Die gefühlte Wartezeit verlängert sich äquivalent zur Schönheit des Zielpunkts. Ha, nur noch vier Minuten!

Bahnhof Saalfeld, 12:13

Ist er das? Ja, kurz vor Viertel nach zwölf, das müsste er sein. Ich stehe von der Bank auf. Oje, meine Knie sind wie Butter und mein Herz schlägt plötzlich bis zum Hals. Ich hätte nicht gedacht, dass ich so aufgeregt sein würde. Ein bisschen, klar, aber so, dass ich das Gefühl habe, gleich umzukippen, auf keinen Fall. Gleich ist es so weit, der Zug kommt immer näher. Wo wird er aussteigen, eher vorne oder eher hinten? Egal, ich habe mich ungefähr in der Mitte platziert. Meine Finger fangen an zu kribbeln, was soll das denn jetzt, das hatte ich ja noch nie. Wie sehe ich eigentlich aus? Ich versuche mich in der Scheibe eines Getränkeautomaten zu spiegeln und zupfe meine Haare ein wenig zurecht. Ich drehe mich wieder dem Bahnsteig zu, als der erste Wagen langsam an mir vorbeizieht.

Da ist sie! Ich habe sie genau gesehen! Halt endlich an, du blöder Zug! Ich will hier raus! Wie lange dauert das denn noch, verdammt?

Ich schlucke den Rest des *Fisherman's* runter und überprüfe meinen Atem. Nein, kein Bier mehr zu riechen, alles weggeätzt.

Der Zug wird immer langsamer und kommt mit einem kleinen Ruck zum Stillstand. Ich öffne die Tür und gehe die Stufen hinunter auf den Bahnsteig. Da steht sie, etwa dreißig Meter links von mir. Sie schaut gerade mit lang gestrecktem

Hals in die andere Richtung. Ich gehe auf sie zu und plötzlich umhüllt ein warmer Schauer meinen kompletten Körper und alles wird ganz weich und schwach und verschwommen. Sie guckt in meine Richtung. Jetzt hat sie mich entdeckt. Sie lächelt. Ich lächle zurück und gehe weiter auf sie zu. Verdammt, was mache ich denn jetzt? Wie begrüße ich sie bloß? Ein Händedruck? Nein, viel zu förmlich. Eine feste Umarmung? Oder gleich ein Kuss? Auf die Wange oder auf den Mund? Erwartet sie einen Kuss? Was erwartet sie? Soll ich ihr das überlassen? Dann hält sie mich vielleicht für ein Weichei. Ich komme ihr immer näher, noch fünfzehn Schritte ungefähr, vierzehn, dreizehn, zwölf, ich weiß, was ich mache! Ja, das ist perfekt! Elf Schritte, zehn, ich breite meine Arme aus, neun, sie auch, acht, das ist das schönste Lächeln, das ich je gesehen habe, sieben, sechs, fünf, vier, jetzt!

»Valerie!«, rufe ich, drehe nach links ab, laufe an ihr vorbei und umarme eine ältere Frau, die dort steht. »Wie schön dich endlich zu sehen!«

Hey, der spinnt wohl total! Ich glaub's ja nicht, rennt einfach an mir vorbei und lässt mich hier mit ausgebreiteten Armen stehen!

»Aber … aber ich heiße doch gar nicht Valerie«, stammelt die Frau, die er an meiner Stelle umschlungen hält.

»Nicht?«, sagt er und lässt sie los. »Oh, Entschuldigung, da habe ich sie wohl mit jemandem verwechselt.«

Er dreht sich zu mir um.

»Du heißt nicht zufällig Valerie?«, fragt er schelmisch grinsend.

»Rein zufällig, doch«, sage ich mit vor der Brust verschränkten Armen und versuche dabei böse zu gucken. »Warum?«

»Och, nur so«, grinst er und kommt näher. »Weißt du, ich bin hier nämlich mit einer Valerie verabredet.«

»Aber du weißt nicht, wie sie aussieht, oder was?«

»Doch schon.«, Er kommt noch ein Stück auf mich zu und steht jetzt direkt vor mir. »Sie sieht fast so gut aus wie du.«

»Nur fast?«

»Na ja, ich habe sie bisher nur auf Fotos gesehen, und da war sie schon wunderschön. Aber wenn ich dich jetzt so anschaue, übertrifft das die Fotos noch um ein Vielfaches.«

»Soll ich dir was verraten?«, sage ich und lasse meinem Lächeln freien Lauf. »Ich bin's tatsächlich.«

Ich kann es nicht mehr zurückhalten, ich muss sie jetzt einfach ganz fest umarmen und an mich drücken.

»Das hatte ich gehofft«, sage ich und breite meine Arme aus. »Hallo, Valerie!«

»Hallo, Max!«, sagt sie und schlingt sich um meinen Hals. »Endlich!«

»Ja, endlich«, sauge ich seufzend ihre Nähe und ihren phänomenalen Duft in mich auf.

Wir halten uns eine ganze Weile einfach nur so umschlungen und sagen kein Wort, bis sie sich irgendwann ein Stück von mir löst und mir tief in die Augen schaut.

»Mach so was nie wieder mit mir!«, grinst sie und boxt mit einer Faust auf meine linke Schulter. »Das war ganz schön gemein!«

»Das war nur die Rache für vorhin«, grinse ich zurück.

»Die ist dir allerdings gelungen, du Fiesling! Aber jetzt sind wir quitt, okay?«

»Noch nicht ganz«, sage ich und rücke mit meinem Kopf ganz nah an ihren heran.

Sie schließt die Augen, ihre Lippen öffnen sich leicht und ich verschließe sie mit meinen. Wir küssen uns, erst vorsichtig, dann stärker und noch stärker, und ich hebe sie hoch und alles scheint sich um uns zu drehen, nein, wir drehen uns um uns selbst, wieder und immer wieder, und selbst als wir schließlich wieder stillstehen, dreht sich immer noch alles in mir. Ich öffne meine Augen und setze sie wieder auf dem Boden ab. Sie sieht mich etwas skeptisch an. Oje, ich habe doch hoffentlich nichts falsch gemacht?

»Hast du getrunken?«, frage ich, weil mir der Geschmack dieses ansonsten wunderschönen Kusses doch etwas komisch vorkommt. »Ich meine, Alkohol?«

»Oh!«, zuckt er erschreckt ein Stück mit dem Kopf zur Seite und hält sich die Hand vor den Mund. »Das … das tut mir leid! Das waren Profis! Ich konnte nichts dagegen machen, ehrlich!«

»Ist doch nicht schlimm«, lächle ich ihn an und schiebe seinen Kopf wieder zu mir. »Es war trotzdem sehr schön. Und … Oh, guck mal!«

Das glaub ich ja jetzt echt nicht! Damit hätte ich nun echt nicht mehr gerechnet! Ich packe ihn an beiden Schultern und drehe ihn um.

»Da, siehst du das?«

»Ja«, sage ich zögerlich. »Ich sehe es.«

Alles, was ich sehe ist eine große Reklametafel direkt vor uns, Werbung einer Bausparkasse, die Front eines Hauses, schätzungsweise Originalmaßstab. Sollte mir das irgendetwas sagen? Versteh ich nicht.

»Und?«, frage ich mit ratloser Miene. »Willst du mir damit sagen, dass du Bausparverträge sammelst?«

»Wieso, hast du welche?«, antwortet sie. »Vielleicht können wir ja tauschen, ich habe ein paar doppelt. Nein, du Quatschkopf! Genau das habe ich heute Nacht geträumt!«

»Du hast von einer Reklametafel geträumt?«

»Nein, ich habe geträumt, dass wir uns heute vor einer Tür zum ersten Mal küssen! Und genau so ist es passiert!«

»Okay«, lächle ich und ziehe sie wieder an mich heran. »Und wo fand laut Traum unser zweiter Kuss statt?«

»Das weiß ich nicht«, lächelt sie zurück. »Bin vorher aufgewacht. Aber ich glaube, ich habe da wieder so eine kleine Vorahnung.«

»Ich liebe deine kleinen Vorahnungen«, sage ich, und wir küssen uns wieder.

Nicht aufhören. Nie wieder aufhören, bitte. Das ist so wunderschön, besser, als ich es mir jemals vorgestellt habe. Was ist denn jetzt? Er löst sich langsam von mir. Nein, nicht aufhören, habe ich gesagt!

»Bleibt eigentlich nur noch die eine Frage«, höre ich ihn sagen und öffne meine Augen.

»Und die wäre?«, frage ich ihn.

»Zu mir oder zu dir?«

Ravensburger Bücher   Absolut lesenswert!

Punk und große Liebe

Auswahlliste zum deutschen Jugendliteraturpreis

Jochen Till

Ohrensausen

Danny steht kurz vor dem ersten Auftritt mit seiner Band. Ausgerechnet jetzt kreuzt sein Freund Vinnie mit Clarissa auf – Dannys heimlichem Schwarm. Klar, Clarissa ist tabu. Doch Vinnie hat sich in letzter Zeit stark verändert. Nicht zum Positiven, findet Danny, und er fragt sich immer öfter: Wie weit geht Freundschaft überhaupt?

ISBN 978-3-473-**58201**-3

www.ravensburger.de

Ravensburger Bücher Absolut lesenswert!

Abgefeiert!

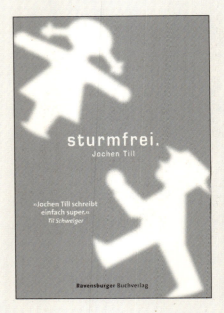

»Till macht süchtig.«

Frankfurter Neue Presse

Jochen Till

sturmfrei.

Denise steht auf Nico. Nico steht auf Sex. Lea ist in Benny verliebt. Und Benny unsterblich in Denise. Außerdem sind Bennys Eltern gerade für eine Woche abgehauen. Grund genug eine Party zu veranstalten. Vielleicht geht da ja was?

ISBN 978-3-473-**58233**-4

www.ravensburger.de

Ravensburger Bücher

Kurze Texte – leicht zu lesen

Jochen Till

Fette Ferien

Tobias ist stinksauer. Sein Vater schickt ihn in ein Ferienlager, Knasturlaub sozusagen. Und es ist auch wirklich alles so schlimm, wie er erwartet hat: ein nerviger Oberaufseher und eine Menge seltsamer Leute. Wenigstens ist Christian ganz in Ordnung. Und natürlich Caro ...

ISBN 978-3-473-**52258**-3

Marlene Jablonski

Lovesong

Alissa findet sich hässlich und langweilig – kein Wunder, dass die Jungs sie nicht bemerken. Wär sie doch nur ein bisschen wie ihr Bruder! Der spielt Gitarre, sieht super aus und ist ständig von Fans umlagert. Als seine Band eine Sängerin sucht, fasst Alissa einen Plan ...

ISBN 978-3-473-**52327**-6

www.ravensburger.de

Ravensburger Bücher   Absolut lesenswert!

(R)ausgeflogen!

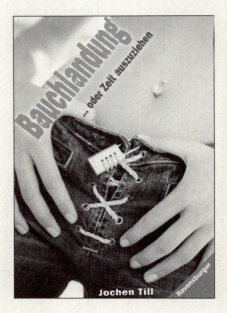

»*Jochen Till schreibt einfach super.*«

Til Schweiger

Jochen Till

**Bauchlandung
... oder Zeit auszuziehen**

Kaum hat Paul sein Abi in der Tasche, wird er auch schon von seinen Eltern vor die Tür gesetzt – zum Erwachsenwerden. Die WG mit Hippie Klaus und Männertraum Holly ist locker, doch Pauls Hormone spielen verrückt – in der Beziehung mit seiner Freundin Bea kracht es und den heißen Nächten mit Holly folgt die eiskalte Ernüchterung ...

ISBN 978-3-473-**58246**-4

www.ravensburger.de

Ravensburger Bücher zum Film

Wenn Eltern alles besser wissen ...

»Beste britische Komödie seit ›Bridget Jones – Schokolade zum Frühstück‹«
TV Spielfilm

Narinder Dhami

Kick it like Beckham

Jesminders Eltern haben eine ganz klare Vorstellung von der Zukunft ihrer Tochter: Sie soll einen netten indischen Mann heiraten und Jura studieren. Doch Jess will nur eins: Fußball spielen – genau wir ihr großes Vorbild David Beckham. Und dann verliebt sie sich auch noch in ihren Trainer Joe. Da muss Jess' Vater mehr als nur ein Stoßgebet gen Himmel schicken ...

ISBN 978-3-473-**58209**-9

www.ravensburger.de